【文庫クセジュ】

テロリズム

歴史・類型・対策法

J=F・ゲイロー／D・セナ著
私市正年訳

Que sais-je?

白水社

目次

はじめに

「恐怖は我々の時代の様々な兆候のうちの一つである。」

エルンスト・ユンガー『森の道』（一九五一年）[1]

二〇〇一年「九・一一」テロ事件がもたらした歴史的激変

スンナ派イスラーム主義者たち（イスラーム急進派）がアメリカ系航空会社の航空機四機をハイジャックし、アメリカに対する武器として利用した。結果、何千人もの死者を出し、アメリカ全土がトラウマに苦しみつづけ、何百億ドルもの損害を被り、アメリカ連邦捜査局（FBI）と中央情報局（CIA）はその無能さを非難され、新しく選出された大統領は早急に新外交方針や景気低迷対策を打ちださなければならなかった。歴史上アメリカに対して初となったこの攻撃は、世界の超大国と地球の一部地域の歴史の流れを急激に変えてしまったのだ。

（1）フランス語翻訳名は『反乱者論』。ユンガーは、一八九五年ハイデルベルクに生まれ、一九九八年に没したドイツの思想家、小説家。第一次大戦に志願し、戦争賛美の作品も書いたが、のちにヒューマニズムの立場からナチス批判の『大理石の断崖の上で』を著わした。ヴァイマル期、ナチス時代、分裂ドイツ、統一ドイツという約一世紀のドイツを生きた歴史の証人。ドイツ精神とニーチェ以後のニヒリズム的思想を代表する思想家〔訳注〕。

ところで、この戦闘行為の首謀者は誰であったか。それはアフガニスタンにおけるソビエト軍に対する戦争の元兵士、つまりはアメリカのCIAやサウジアラビアとパキスタンの機密組織からの資金援助に支えられた男、オサーマ・ビン・ラーディンである。この男は、通常の武力行使で生じる一〇年分の死者数を越える数字を、たったの二時間でアメリカに突きつけたのだった。

血なまぐさい現実

半世紀前から、毎日世界中のどこかの地域で爆破事件が起こらない日はないようになった。以来、私たちの日常生活と国際関係のリズムはテロによって刻まれるようになった。第二次世界大戦以降に起こった最も血なまぐさいテロ（一〇〇人以上の死者が出た事件）を挙げてみよう。

――一九七八年八月、イラン。アバダンにある映画館で爆弾が爆発。死者三七七人[1]。

――一九八二年十月、イラン。テヘラン中心部において、爆発物を積んだトラックが爆破。数百人もの犠牲者を出す。

――一九八三年九月、バーレーン。ガルフ航空ボーイング七三七型機が空中爆発。死者一一二人。

――一九八三年十月、レバノン。ベイルートのアメリカ海兵隊兵舎とフランス軍司令部に対しヒズボッラー[2]の戦闘員が運転する爆弾トラックによる自爆テロ事件。アメリカ人の死者二三九人、フランス人の死者五八人。

――一九八五年三月、レバノン。おそらくアメリカ中央情報局（CIA）に操られたと見られる人間がベイルートのシーア派地域中心部、シャイフ・ファドルッラー（ヒズボッラーの精神的指導者）の自宅付近で爆弾（TNT火薬二五〇キログラム）を仕掛けた車を爆発させる。死者一七二人、負傷者二五〇人以上。

――一九八五年六月、アイルランド。シーク教徒の過激主義者がインド航空ボーイング七四七型機を爆破。死者三二九人。

――一九八七年、スリランカ。タミル人のタミル・イーラム解放の虎[3]（LTTE）がバス・ターミナル爆破。死者一一三人。

――一九八七年十一月。二名の北朝鮮工作員によって爆弾が仕掛けられたバグダードからソウル行き大韓航空機が爆発。死者一一五名。

――一九八八年四月、パキスタン。アフガニスタンの秘密組織（WAD）がイスラマバードの弾薬庫を爆破。死者一〇〇人以上、負傷者一一〇〇人。

――一九八八年十二月、スコットランド。リビア情報機関がパンナム航空ボーイング七四七型機をロッカービー上空で空中爆破。死者二七〇人。

――一九八九年九月、ニジェール。リビア情報機関が再びテロ攻撃を計画し、フランスのUTA航空機を爆破。死者一七〇人。

――一九八九年十一月、コロンビア。パブロ・エスコバル率いる麻薬（コカイン）密売組織メデジン・カルテルが、アビアンカ航空ボーイング七二七型機を爆破。死者一一〇人。

――一九九三年二月、インド。地域犯罪者の支援を得たパキスタン情報機関が、ボンベイで一時間内に一三個の爆弾を爆破させる。犠牲者数の統計は確定せず、死者は二三五人から四〇〇人と推察され、負傷者は一〇〇〇人以上とされる。

——一九九五年四月、アメリカ合衆国。反連邦国家の兵士、ティモシー・マクベイがオクラホマシティー連邦政府ビル前で、二トン以上の爆弾を積んだトラックを爆破させる。死者一六八人、負傷者六七四人。

——一九九七～九八年、アルジェリア。ＧＩＡ[4]（武装イスラーム集団）がルリザーヌ（ギリザーン）県の村民を虐殺。死者四一二人[5]。

——一九九八年八月、ケニヤとタンザニア。ナイロビおよびダール・エッサラームにあるアメリカ大使館がオサーマ・ビン・ラーディンによって爆破される。死者二二四人、うちアメリカ人一二人。負傷者四〇〇〇人。

——一九九九年九月、ロシア。三週間で五件のテロ（うち三件はモスクワ、二件は地方）が起きる。テロはチェチェンの武装勢力によるもので、死者はおよそ三五〇人。モスクワで起きた二件のテロは集合住宅を破壊し、一件めで死者九四人、二件めで死者一一八人を出す。

——二〇〇一年三月、中国。おそらく三合会[6]とみられる犯罪集団が河北省首都である石家庄市街中に四個の爆弾を設置。死者一〇八人、負傷者三八人。

——二〇〇一年八月、アンゴラ。ジョナス・サヴィンビ率いる反政府組織ＵＮＩＴＡ部隊が北クアンザ州を走る列車を爆破。死者二五二人、負傷者一六五人。

——二〇〇一年九月、アメリカ合衆国。オサーマ・ビン・ラーディンが飛行中の航空機四機を、ニューヨーク（世界貿易センター）、ワシントン（アメリカ国防総省・統合参謀本部）、ペンシルバニアで爆破。死者数千人。

——二〇〇四年三月十一日、スペインのマドリード。アル・カーイダ系に近い集団による列車爆破テロ。死者一九一人。

——二〇〇六年七月十一日、インド。ボンベイ（ムンバイ）で列車爆破テロ。死者二八二人。当局はパキスタンに拠点を置くアル・カーイダ系組織ラシュカレ・ターイバの犯行とみている。

（1）原文には犠牲者数四七七人とあるが、イラン政府の発表は三七七人なのでこれに訂正した〔訳注〕。
（2）ヒズボッラー（神の党の意）はイランの強い影響下にあり、レバノンを拠点とするシーア派の組織、党。一九八二年成立〔訳注〕。
（3）タミル・イーラム解放の虎（英語の略称LTTEのほうが有名である）は、一九七二年に成立。ビルピライ・ピラバーハランにより組織されたマルクス＝レーニン＝毛沢東主義の集団。タミル人の主権国家をスリランカに建国することを目的とする。世界で最も過激なゲリラ集団の一つである〔訳注〕。
（4）GIA（武装イスラーム集団）は、一九九二年頃に出現。FIS（イスラーム救済戦線）の過激派、アフガン義勇兵の帰還者、とくに思想的背景をもたない窮乏化した青年層、独立以来の急進派などが複雑に集まったもので、国家権力、権力に近い者、外国人、最後には一般市民をもテロのターゲットにした。アルジェリアにカリフ制国家の樹立を主張したが、イデオロギー的には未熟であった。一九九〇年代末に事実上解体させられた〔訳注〕。
（5）原文では一九九七年とあるが、一九九七年十二月三十一日〜一月六日にかけて大きなテロがあった。死者は六〇〇人以上との説もある。巻末参考文献【1】参照〔訳注〕。
（6）三合会（トリアード）は、香港を拠点とする大型犯罪組織（マフィア）の総称。そのうち六組織（新義安、十四k、和記、竹聯、四海、大圏）は国際的に活動している強力な組織である。起源は満州族の清朝に対する漢民族の抵抗組織として十七世紀末に生まれたと言われる。活動地域は、香港を拠点に、マカオ、台湾、中国大陸、欧米、南アフリカ、オーストラリアにまで及んでいる〔訳注〕。

冷戦から混沌とした世界へ——現代テロリズムの変化

思い起こしてみよう。冷戦期の五〇年間に起こされたテロ事件は、確立したルールにのっとって、どちらかといえば予測可能かつ合理的に引き起こされている。首謀者の正体がはっきりと確認され、動機も理解しやすく、テロ手段も明瞭である。核をもたない国々は、対抗上テロリスト部隊を、「核のマジノ線」[1]をかいくぐるための特別の手段として利用してきたのだ（グザヴィエ・ロフェール）。テロリズムは、したがって純粋な戦争というよりも、対話の範疇に含められうる「強制外交」の道具なのである（ジェラール・シャリアン）。テロ組織は、しばしば国家と結びついており、理論上も、実践上も、組織的統制のうえでも進歩してきた。こうしたテロリズムの代表は、カルロス[2]、アブー・ニダル[3]、リビアの指導者カダフィ大佐、シリアの大統領アサドに代表される。彼らは、明確な政治目標をもち、通常の犯罪人とは根本的に区別されていた。国家の大義という政治目的の明確な「パルチザン」の犯罪と、それが不明瞭な「ギャング」の犯罪はそれぞれ別個に発展してきたのである。

（1）マジノ線とは一九三〇年からドイツ国境に築かれたフランスの要塞線。ここでは核武装のできない国々が、核武装している国々（「核のマジノ線」を作っている国々）に対する対抗手段としてテロ戦術を用いてきたことが意味されている〔訳注〕。

（2）一九四八年ベネズエラ生まれの国際的テロリスト。本名は、ラミレス・サンチェス。ベネズエラ共産党員、キューバでの軍事訓練後、モスクワに留学。その後ＰＦＬＰ（パレスチナ解放人民戦線）に参加してテロリストの道を歩む。数多くのテロに関与したが、一九七五年のＯＰＥＣ閣僚会議を襲撃しサウジアラビアのヤマニ石油相らを人質にとった事件が有名。一九九四年スーダンで逮捕後、フランスに送還。九七年フランス重罪裁判所で終身刑の判決〔訳注〕。

（3）元ＰＬＯ幹部で、本名サブリー・バンナー。ＰＬＯから分かれ、彼の名をとった「アブー・ニダル機構」を結成した。二〇〇二年自殺。同組織は現在は、ファタハ革命評議会に名称変更〔訳注〕。

ところが二極対立の終焉とともに、両者の明確な区分はまったく消え去った。きのうまで「政治的」であったテロリストたちは一転、犯罪者と化し（コロンビア革命軍、コルシカ民族解放戦線、タミル・イーラム解放の虎、クルド労働者党など[1]）、他方犯罪者たちはテロの手段を用いるまでに「政治化」した（コザ・ノストラ[2]、ラテン・アメリカのカルテル、トリアードなど)。ルーベの一派[3](一九九六年)は「ギャング・テロリズム」、つまり原理主義(サラフィスト)的イスラームと盗賊の混合体でないとすれば、一体何なのか。

(1)「コロンビア革命軍」は、一九五〇年代初頭に出現した共産主義ゲリラである。武力による成功で、コロンビアの大半を活動のテリトリーとすることが可能になった。他方で、麻薬取引に関連する組織となる。「コルシカ民族解放戦線」は、一九七六年公式に発足した。コルシカ独立のためのこの運動は多数に分裂し、広く犯罪化し、伝統的な盗賊との区別さえつかない状態である。「クルド労働者党」(PKK)はマルクス・レーニン主義の土着ゲリラであり、クルド独立を目的とし、一九七〇年代アブダラ・オカランにより設立〔訳注〕。

(2)「コザ・ノストラ」(厳密にはマフィア)は十九世紀なかばシチリアで生まれ、その後アメリカ合衆国を活動拠点としている秘密犯罪組織〔訳注〕。

(3)イスラーム教徒に改宗した二人のフランス人、クリストフ・カーゼとリオネル・デュモンに率いられたボスニアのムスリム元義勇兵の一団でフランスのリールで一連の武装強盗事件を起こし、九六年G7のサミット二日前の三月四日にリールで自動車爆弾テロを実行した〔訳注〕。

テロ事件はこうして日常化し、民主化し、非構造化し、またイデオロギー性をほとんど失ってしまった。その結果、それまで無関係であった宗派主義、環境保護、労働組合などの活動領域にまでテロ活動が広がった。以来、政治的、かつ一般犯罪的でもあるこうしたテロリズムの役者たちの姿は予測不可能となり、彼らの暴力行為も非合理的な領域に及ぶようになった。つまり、テロリズムは純粋な政治的手段であったものが、同時に日常的な犯罪手段にもなってしまった、ということだ。冷戦後のテロリズムは、イデオロギーや国家の大義を決定的要因として起こるというよりはむしろ、強欲、人種、部族などを理由にして起こるようになった。

二十一世紀テロリズムの将来――現代の戦争？

冷戦まっただなかの一九六〇年代なかば、変幻自在を本質的特徴とする長いテロリズムの時代が始まっていた。当時の多くの予想（とりわけ自由主義者から発せられた）に反し、冷戦の終結はこの新しいかたちの戦争を鎮めるどころか、逆に、国家や合理性への究極的執着を失わせることによって、それを拡大させた。ネットワークと多様な共同体からなる現代世界――その反面では国家は数を増やしたが、弱体化しているということを意味する――においては、テロ行為こそが戦争の手法となった。無秩序かつ残忍な脅威に直面し、欧米の安全保障システムは従来の確信に満ちた得意の区分――国内と国外の区分、市民と軍人の区分、戦争と平和の区分、合法と非合法の区分など――を捨てなければならなくなった。

従来のテロリズムは、何らかの建設目的をもって実行されてきた。十九世紀の「ナロードナイア・ヴォリヤ[1]（人民の意志）」、戦間期の「内部マケドニア革命組織（ORIM）[2]」、一九七〇年代の「パレスチナ解放人民戦線海外特殊部隊[3]（PFLP-COSE）」などである。これに対し新しいテロリズムは、ラムズィー・ユースフ[4]、パブロ・エスコバル、オサーマ・ビン・ラーディンのように混沌とし、突発的で把握しがたい様相を呈している。

（1）「ナロードナイア・ヴォリヤ」は、ロシアのポピュリスト組織ナロードニキの一派で、十九世紀末にはテロ行為をもってツァー権力に立ち向かった〔訳注〕。

（2）「内部マケドニア革命組織（ORIM）」は、オスマン・トルコ帝国に対する反乱とマケドニア独立を目的として、一八九三年に非合法組織として結成された〔訳注〕。

（3）「パレスチナ解放人民戦線」は、一九六七年設立。その一派である海外特殊部隊はのちに、イスラーム運動組織を除く、あらゆる国際的テロ組織の模範となった〔訳注〕。

（4）クウェート育ちのパキスタン人。一九九三年二月のニューヨーク世界貿易センタービル爆破、九四年十二月フィリピン・マニラ映画館爆破、同マニラ経由東京行きフィリピン航空機内爆破で、日本人一人死亡などに関与。九五年マニラで逮捕〔訳注〕。

その実態は、略奪目的あるいは明確な終末論的志向をもち、特定の地域に限定されず、まさしく現代世界に適応している。「戦闘的共産党」(1)は血なまぐさい、精神分裂症的妄想のなかで、無意識のうちに二極世界を終わりへと導いていたのだ。代わってラムズィー・ユースフ、オウム真理教、ビン・ラーディンが何とも耐えがたい新たな脅威として出現したのである。

(1)「戦闘的共産党」とは、マルクス・レーニン主義を掲げる非合法の政党をさす。都市ゲリラによって国家に徹底的な打撃を与えることを意図する。たとえばイタリアの「赤い旅団」、ドイツの「赤軍派」、フランスの「アクシオン・ディレクト」などの組織である。

以前の世界では、テロの脅威は重々しく、ゆっくりと迫ってくるもので、説明可能かつある程度は予測可能であった。しかし現代テロの恐怖は荒々しく、一過性で非合理的に襲いかかる。冷戦中には戦争の付属物でしかなかったテロが、「ポスト・クラウゼヴィッツの戦争」(1)の形態になったといえよう。新しいテロリズムは、確かにこれまで以上に人を不安にさせる。だからといって、それは理解不可能というわけではない。

(1)カール・フォン・クラウゼヴィッツ。一七八〇〜一八三一年。プロイセンの軍人。彼が書いた『戦争論』は古典的戦争論として有名。戦争は国家の道具であること、侵略者に対する人民の武装闘争の意義が主張されている〔訳注〕。

一つの時代の終わり

私たちは、現代テロリズムの第三期(一九五〇年代から九〇年代初頭)を終え、二十一世紀の時代に生きている。第一期は、十九世紀から二十世紀にかけてで、無政府主義者によるテロリズム時代で、第一次世界大戦とともに終了する。第二期は、バルカン半島におけるテロリズム時代で、それは第二次世界大戦により終わりを告げる。第三の時代（一九五〇～九三年）は、脱植民地化と冷戦の時期である。この時代のテロリズムは、間接的戦術と明確なイデオロギー対立という特徴を有する。始まったばかりの第四のテロリズムの潮流は、「政治的テロリズム」から「卑劣なテロリズム」へ、「論理をもったもの」から「非合理的なもの」へと、二重の変化を体験しているのである。

フランス的イデオロギー

フランス革命は現代テロリズム――最初にその実体を、次にその名称を――を生みだした。一七八九年、フランスが発見したのは、近代民主主義というよりは政治的恐怖であった。革命家たちは人間性の進歩や目的の純粋さという名のもとに、人殺しの権利を突然正当化しはじめた。これ以後に主張された政治の絶対的優越性は、あらゆることが政治的であり、目的は手段を正当化する、ということを意味している。「テロリズム」は、したがって革命政府体制、すなわち一七九三年六月から一七九四年七月（ロベスピエール失脚）まで続いた恐怖政治（ラ・テルール）をさす。恐怖政治とは、恐怖による統治、すなわち法律、裁判所、国民公会の指導権により支えられた巨大な政治マシーンのことである。歴史上初めて「テロリスト」と称されたものは、王党主義と連邦主義[1]の鎮圧を確実なものにする使命を受け、地方へ送られた国民公会の議員だった。それ以降もしばらくのあいだ、「テロリスト」は「共和主義者[2]」の同義語であり、共和制は恐怖政治を意味していた。テロリズムはこのように、国家の中心、「上層部」から生まれた。テロリズムと国家テロリズムは、それ以後もまた少しのあいだ同義語でありつづけた。この、国家による革命的テロリズムは、二十世紀になってナチズムや共産主義など全体主義の母胎になる。このようにフランス革命の教理は、地上の楽園到来のために必要な恐怖の教理であり、制度の精神的教理であり、贖罪・浄化・建設として解釈される政治的暴力の教理であった。政治は、突如として数えきれないほどの敵で満たされる。テロリストは、「暴力は歴史の助産婦である（カール・マルクス）」ことを信じている。エドモンド・バーク[3]は、テロリストを見出すためにはイデオロギーをそぎ取るだけでよい、と巧みに本質を言い当てている。人権思想は、つねに満たされない権利要求と制限された義務の世界へと私たちを導くのだ。

（1）地方分権を主張するジロンド派〔訳注〕。
（2）歴史の皮肉か、フランスでは分離派テロに対する戦いが、こんにちしばしば共和主義的価値の保護の名のもとに行なわれている。
（3）一七二九～九七年。イギリスの保守主義の思想家、政治家。部分的改革を除くあらゆる改革を否定し、近代的保守主義の先駆者となる〔訳注〕。

ジャコバン派テロリストのマラーを暗殺したことにより、シャルロット・コルデー[1]はおそらく、近代テロリズム最初のヒロイン――忘れ去られてはいるが――になった。

（1）ジロンド派の美しい女性で当時二十五歳。画家オエルによる肖像画が残されている〔訳注〕。

「テロリズム」という単語は、一七九八年に初めてアカデミー・フランセーズ辞典[1]の補遺に採録された。フランス革命がこの単語を創りだしたのである。なぜなら、新しく名前をつけなければならない事柄ができたからだ。テロリスム（Terrorisme）はテロリゼ（terroriser 恐怖に陥れるの意）やテロリスト（terroriste）などの派生語と同様に、フランス語である。英語のテロリズム（terrorism）やイタリア語のテロリスモ（terrorismo）はフランス語からの借用語である。ラテン語に語源を求める研究も行なわれたが、無駄であった。「テロリズム」という語は、ラテン語には存在しない。ラテン語にも大きな恐怖、激しい不安を意味するテロール（terror）という言葉はあるが、これは感情表現の単語であって、政治的な意味はない。英語のテロリズムやイタリア語のテロリスモはフランス語に直接的に由来する言葉なのである。というのもこの外来語は原語の意味を変えずに導入されたからである。すなわち、「テロリズム」が、明白で議論の余地もないほどに、正確な歴史的事象に基づく言葉であったのだ。その結果、人権思想の登場とともに、「テロリズム」という語が普及するという逆説的な現象が起こったのである。

（1）『革命以後に使用された新語を含む補遺』によれば、「テロリズム——恐怖による体制、システム」、「テロリスト——革命手段の濫用によって生まれた恐怖体制の扇動者や支持者」とある。数年間でジャコバン派共和主義者が国家の名のもとに殺害した人数は二〇万人、実に人口の一パーセント近くにも達した。

十九世紀初頭以降、逆に、「テロリズム」の意味は国家に対する暴力的抗議戦術を意味するように変わった。国家の保護や防衛の方法であったものが、国家を問いただす道具になった。この反体制のテロリズムは、フランス革命から生みだされた二つの巨大な戦闘イデオロギーのなかで育っていった。社会主義とナショナリズムである。

これら二つのテロリズム、すなわち国家支配者によるテロリズムと反体制のテロリズムは、しばしば隠されているが、明らかに共通点をもつ。つまり、革命国家の中心で生まれた両者のテロリズムは、権力側においても、あるいは反体制側においても、思想的少数派に対する弾圧を行なうのである。反体制のテロリズムに対抗して、国家による恐怖政治が行なわれる、と一般には理解されているが、事実ではない。両者のテロリズムは共通の精神的背景をもつ現象なのである。

このように、テロリズムはイデオロギーの熱狂時代の、いわばヤヌス神（双面神）のような事象なのだ。(1)

（1）参考文献【2】参照〔訳注〕。

歴史的役割

最近の三世紀は、いずれの世紀も象徴的なテロ事件とともに始まっている。すなわち一八〇〇年十二月二十四日、ナポレオンは、ふくろう党（反革命王党員）のジョルジュ・カドゥーダルの陰謀でサン・ニケーズ通りに仕掛けられた爆弾により命を狙われたにもかかわらず、奇跡的に一命を取り留めた。一九一四年六月二十八日、オーストリアのフランツ・フェルディナント大公がガブリロ・プリンチプにより暗殺されたサラエボ事件は、発火のときをひたすら待っていたヨーロッパの火薬庫に火を投じてしまった。二〇〇一年九月十一日、アメリカ同時多発テロ事件は、真の意味の二十一世紀の幕開けとなった。しかし逆説的になるが、二世紀以上前から多様な形をとって現われるこの現象は、ほとんど定義不可能なのだ。

第一章　テロリズム

「事物についての議論を、言葉の議論にするのはよそう」
アラン・デュマ『ジョセフ・バルサモ』

「娘よ、あなたを怖がらせているものは言葉なのかい、それとも事物なのかい」
モリエール

二十世紀初めのテロリズムとそれ以前のテロリズムとのあいだには共通点があるが、大きな差異もある（後出、第Ⅰ節）。テロリズムを定義する試みは、多くの未知の重要課題を有している（第Ⅱ節）。だからと言って、全世界に通じる定義は不可能と思われる[1]（第Ⅲ節）。したがって、類型学的検証がふさわしい（第Ⅳ節）。

（1）この問題については、参考文献【3】を参照。

Ⅰ 「古典的」テロリズムと「現代的」テロリズム

古典的テロリズムと現代的テロリズム

まったくの過去の社会現象、あるいは完全に新しい社会現象というのはまれである。大部分の出来事が過去とつながった歴史的現象なのである。ある社会現象の理解の際に「まったくの初めてのこと、あるいはすでに体験ずみのこと」という一方に偏った解釈の罠にはまらないようにしなければならない。テロリズムを考えるときにもあてはまることである。

起源を探ることは、考察者の判断力を磨くのに役立つ。しかし、知的、学問的関心は、凡俗な政治的下心と結びつきかねない。すなわち現代のテロリズムを過去のそれとの歴史的関連性のもとに検証することは、テロリズムの現代的重要性を相対化する利点があるが、歴史的研究の背後には、政治的な底意が隠れているのだ。それゆえに、いわゆるマッソン議会報告書（一九八四年）は「テロリズムは、歴史的視野の下に置かれることによって、本来、それが包み隠しもっている、人に衝撃を与える力の大半を失ってしまっている」と述べているのである(1)。たとえば現代テロリズムは、古代の世界（中国の『三国志』に登場する孫策、あるいはイスラエルの歴史家フラヴィウス・ジョセフ（紀元前三七～一〇〇年頃没）の『ユダヤ人戦争』）、中世イスラームのアサシン派（暗殺者教団）、さらに暴君殺しの長い歴史のもとに置かれることで、特別に注目されなくなることは確実である。にもかかわらず、テロリズムを「過去の長い歴史をもつ新しい言葉」という方程式にあてはめて説明をする考えには、当然にも異論がでてくる。すなわち火薬は昔の発明品であると言っても、火薬の古代における用法と二十一世紀における用法とのあいだの連続性の問題を解決したことにはならないからである。

（1）フランスでは、すべての暴力や犯罪行為が、伝統的につねに相対的な問題となる。それは「たいしたことではない」と言うことと紙一重の違いしかない。

古典的テロリズムと現代的テロリズムのあいだに存在するのは、もはや程度の相違ではなく、質的な相違なのである。まったく異なった現実を同じ用語で説明する場合、時代錯誤をおかす危険性がある。それゆえ、十八世紀以前のテロリズムの歴史を論じることは軽率な企てなのである。歴史家ジョルジュ・ミノワは、古典的暴君殺しと現代的政治テロのあいだの相違を、動機および標的の視点から、以下のように指摘する。「暴君殺しは、臣下が基本法、民法、宗教法に違反した暴君を殺すための防衛テロである。一方、現代のテロは、改革やある状況を強いる行為であり、言わば攻撃テロである。攻撃テロは、象徴でしかない人物を標的にするよりは、むしろ社会状況そのものを狙う。古典的暴君殺しは人を攻撃するが、現代のテロはシステムを壊すのである。前者は、義務社会を示し、自分の責務を果たさない責任者に課せられる制裁が表現される。後者は、権利社会の特徴を表わしている。そこではみずからの要求を正当と考える個々人が、不公正と見なす社会秩序の代表者たちを攻撃することは合法化されうると主張する[1]」。

（1）参考文献【4】参照。

二十世紀は、とりわけテロリズムの世紀だったと見なされるだろう。またベルリンの壁崩壊とともに、テロリズムが激変したと考えることも妥当だろう。こんにちの世界的カオスをひき起こすテロリストの本質と、かつての、冷戦期のテロリストの本質とのあいだには、たとえ名称や外見が同じであっても、もはや共通点はない（グザヴィエ・ロフェール[1]）。テロリズムの世界は深い変化を遂げたのである。テロリズムの真の質的な大転換がなされたのである。[2] その変化を確認することは難しい。なぜなら、それは私たちの目の前でいま起こっているからだ。

（1） 参考文献【5】参照。

（2） これとは異なる見解を、ジェラール・シャリアン氏が、二〇〇一年九月十一日米国同時多発テロ事件に対するコメントによせて発表している。すなわち「これは、誰もが言うような戦争ではない。けっして戦争ではない。アメリカの復讐は大規模な紛争にはならないだろう。これは古典的テロリズムの最終段階なのだ。私が古典的というのは、このテロ事件が最も暴力的な表現だとしても、それは質的な飛躍ではなく、量的な飛躍でしかないからだ。（中略）その意味で、私たちは古典的テロリズムを目の当たりにしているのであるが、アメリカ国内で起きたこと、標的がすぐれて象徴的なものであったこと、犠牲者の最大化が図られたことを問題にすれば、やはりこれは古典的テロリズムの最終段階なのだ。」（二〇〇一年九月十八日、『ル・モンド』紙）。また、同氏は、紛争後の反逆について、二〇〇一年十月九日の『フィガロ』紙に執筆している。

1 冷戦期のテロリズム

一九九〇年代に、従来の世界の最も有力なテロリストたちはその活動を停止した。その象徴的な人物たちは政治の舞台から姿を消した。ハーフィズ・アサド、アブー・ニダル、アリー・ファッラーヘヤン[1]、アフマド・ジブリール[2]などである。冷戦期のテロリズムは、確かに残虐で衝撃的なものだったが、巨大で恒常的な組織に指揮されていて、周辺的であり、どこかやぼったかった。それらは性格が類似し、イデオロギー的であり、ピラミッド型の組織によっていた。だがこの時代は完全に終わった。

（1） 元イラン・イスラーム共和国の情報治安省大臣。一九九二年のベルリンでのクルド人殺害に関与の疑い〔訳注〕。

（2）元シリア陸軍省大尉で、パレスチナ解放人民戦線PFLPに参加したが、のちに路線対立から離れ、パレスチナ解放人民戦線総司令部派PFLP-GCを組織した〔訳注〕。

このテロリズムは、以下の三つの柱――今や消滅寸前であるが――の上に成り立っていた。

間接的戦術――間接的戦術は、「牛の角をめがけて攻撃しないこと、つまり、遠回りしながら、敵を不安に陥れ、驚かせ、ぐらつかせたあとで、初めて直接的な攻撃を行なう」（アンドレ・ボーフル）[1]という方法である。これは、不利な力関係を覆すための巧妙な策略なのだ。テロリズムは、とりわけ「神経戦」であった。その作戦により、「テロ作戦が続けば続くほど、精神力の優位性が増すことによって、武力の劣勢は補われる」[2]。テロ作戦は、このように武力闘争と心理作戦を同時に展開させることなのだ。テロリズムは、心理作戦の前で、あたかも武力の役割が消えてしまうように感じさせる間接的戦術なのである。

テロリズムは、敵との直接的な衝突をした場合に、軍事的、政治的に自分たちのほうが一方的に損失を被りそうなときに、その敵を直接に攻撃することを避ける巧妙な作戦として考案された。核抑止力に支えられていた二極世界では、直接対立の可能性が凍結されていたといえる。テロリズムは、「核マジノ線」をかいくぐることを可能にする戦術だったのだ（グザヴィエ・ロフェール）。

（1）参考文献【6】参照。
（2）アンドレ・ボーフル、同上書。

多くの組織にとって、テロリズムは、ゲリラすなわち「小さな戦争」に代わる闘争手段として生まれた。力の不均衡に直面して、パレスチナ、南アフリカまたはアフリカの諸グループは、このような新しい戦術の選択を強いられたのである。

それゆえに国際的テロリズムの勃発は、すでに敵対関係の絶頂期、あるいは末期に到達していることを示しているのであって、その始まりではないのである（グザヴィエ・ロフェール）。

政治的重要性――冷戦期のテロリズムは、概して、政治的現象であった。政治的動機がテロリズムの中心にあった。伝統的には、テロリストは思想のために人を殺したのである。その政治的本質がテロリズムと通常の殺人事件とを明確に区別していた。テロリズムが抽象的観念や主義主張に基づいて実行されていたのに対し、匪賊行為は金銭目当てで行なわれていたのである。両者はともに社会秩序を大混乱させるという共通点をもっているが、匪賊行為にとって、その混乱は手段でしかなかったのに対し、テロリズムの場合、それは目的であった。匪賊は既存の社会秩序にうまく溶け込むことを考えているが、テロリストはその逆を望んだ。無秩序はテロリズムの目的であるが、匪賊にとっては手段にすぎなかった。匪賊は基本的に保守主義者であり、テロリストは革命家であった。さらにテロリストは、自分たちが単なるならず者ではないことを主張するために、みずからのテロ行為に体系的名称をつけていった。しかし、両者の境界は時としてぼんやりしたままであった。事実、テロリストは、生活のためにしばしば匪賊と同じ手段を用いた。たとえば身代金要求を目的とした誘拐、武装強盗などである。

国家による管理――国際的テロリズムは、いくつかの国家の特務機関による指揮や援助――程度に差はあったが――を受けた組織グループの仕業であった。したがって西欧は、テロが起こったときに、テロの実行や停止に影響力を行使できる立場にある具体的な交渉相手を持ったことになる。かくしてこれらの諸国家は、圧力をかけられたり、報復をされたり、あるいは政治的取引を余儀なくされたりしたのである。[1] 湾岸戦争中（一九九〇〜九一年）、テロ事件はまれだった。というのも、伝統的に国際的テロリズムの「代父たち」（シリアやリビア）が、自分たちの手先の活動を抑制したからだ。しかし、テロ組織とその保護者との関係は曖昧であり、相互不信も存在した。リビアやイラクとアブー・ニダルとのもめごと、あるいは東側諸国やスーダンとカルロスとのもめごとの急の展開を思い出せばよくわかるだろう。また、これらのテロ組織のなかには、テロに好意的な外国の支援を受けている組織（たとえばリビアの支援を得たPIRA）もあったが、その場合でも活動範囲は狭く、地域内に限定されていた（ETA、PIRAなど[3]）。

（1）後述の補論一を参照。

（2）一九九四年カルロスは潜伏中のスーダンで逮捕されフランスに引き渡された。なお、アブー・ニダルについては、一〇頁の注（3）を参照〔訳注〕。

（3）ETA（バスク祖国と自由）は、フランコ体制下の一九五九年に成立。フランス領を含む全バスク地域の独立を目標とする。PIRA（アイルランド共和国軍暫定派）は、マイケル・コリンズとイーモン・ド・ヴァレラが率い、二十世紀初頭のアイルランド独立紛争を模範に、一九七〇年成立。PIRAは、イギリスの支配下にある北部地域の、アイルランド共和国南部への併合を要求している〔訳注〕。

2　世界的カオスのテロリズム

世界的カオスのテロリズムは、まったく異なる性格をもっている。新しい世界は、分裂し、騒然としている。その結果、テロリズムは大規模になり、脱地域化し、非合理的になり、突発的で流動的であり、犯罪性も増し、国家の統制から離れている。それは、まったく新しい人物たちによって代表されるようになったのだ。ラムズィー・ユースフ、パブロ・エスコバル、ロボ司令官[1]、オサーマ・ビン・ラーディンなどである。「異常に激烈な」このテロリズムは、政治的テロリズムから卑劣で犯罪的なそれへ、「統制されたテロリズム」から非合理的それへという二重の変質によって従来のテロリズムとは区別される。

（1）本名ガリブ・アンダング。フィリピンの武装イスラーム組織、アブー・サヤフの指導者の一人。二〇〇三年十二月フィリピン軍により逮捕された〔訳注〕。

テロリズムのハイブリッド化――テロリズム現象の多くは、本質的には今後も政治的、宗教的であり続けるだろう（ETA、原理主義イスラーム、イスラエル・パレスチナ紛争など）。しかし、一般的に、東西二極対立時代の代表的パルチザンたち（ゲリラ兵、レジスタンス闘士、ムジャーヒディーン、その他）の性格は、ハイブリッドな性格にとって代わられた。つまり政治性が薄れ、略奪者に近い特徴を持つようになった。冷戦の終結とともに、テロリズムと強盗略奪行為の領域は混ざりあい、境界が不明瞭になった。政治犯の当事者は「一般犯罪者化」し（LTTE、PKK、FARC、FLNCなど）、他方、普通犯の当事者（麻薬カルテル、マフィアなど）は、「政治化」したのである。「堕落したゲリラ行為」と「ギャング犯罪」が共生、混合するこれらの犯罪者たちは、以前は対照的であったパルチザンと強盗略奪の性格を結合させた。このハイブリッド化は、ルーベのギャング団（一九九六年[1]）、またはサフィール・ブギウワの惨劇（南仏ベズィエ、二〇〇一年[2]）のなかに典型的な形で表われている。

（1）日本に潜入していたこともあるフランス人リオネル・デュモン（アル・カーイダのメンバーとされた）をリーダーとする強盗団は仏北部ルーベを拠点に犯罪行為をくりかえした〔訳注〕。
（2）二〇〇一年九月一日～二日、ピレネーに近い地中海に面する都市ベズィエで、モロッコ系移民の子、サフィール・ブギウワがみずからはアッラーの兵士であり、アッラーの子であると叫びつつ、車に爆薬を積み、銃を乱射しながら暴走した事件。結局、警察により狙撃、殺された。市の助役が暗殺された〔訳注〕。

純粋な犯罪者グループであっても、国家の抑圧が厳しくなれば、国家を真っ向から攻撃することも厭わない。そういった例は、一九九二年イタリアにみられた。トト・リーナを頭とするコザ・ノストラ団〔シチリアのマフィア集団。トト・リーナは一九九三年一月十五日逮捕〕は、イタリア各地で殺人テロを敢行し、国家と直接対決に挑んだのだ。すなわち元パレルモ検事で法務省刑事部長ジョヴァンニ・ファルコーネとパレルモ検事パオロ・ボルセッリーノが殺害され（一九九二年）、ミラノ、フィレンツェ、ローマでは爆破テロ事件が起こった（一九九三年、死者一〇人、負傷者一〇〇人ほど）。フランスでは、一九九三年ニースで、ジャン・クロード・オリヴェロに率いられたごろつき集団が、なわばり支配を目的に、一連のテロ事件を引き起こした。二発のロケット爆弾が留置所に打ち込まれ、プラスティック爆弾が商店に仕掛けられるなどのテロ事件が起こった。フランスにおける都市襲撃は、警察を狙った爆破事件などとともに、二〇〇一年夏以来ゆっくりと、しかし確実にテロリズムへと向かっている。七月十四日にはサン・ドニ（第九三県）、七月十五日にはシャンピニー・シュル・マルヌ（第九四県）、そして十月十四日にはトノン・レバン（第七四県）でこのような事件が起きた。

少し年代をさかのぼるが、一九八二年から一九八五年にベルギーのブラバン県で起きた「ブラバンの殺人鬼」の軽挙妄動は、こんにち、ハイブリッド型テロリズムの前触れの事件のように思える。彼らは、警官や憲兵などを数十回にわたってゲリラ的に襲撃し、全体で二八人を殺害したが、これが単なる卑劣な犯罪なのか政治目的をもつ事件なのか動機がいまだに不明瞭なのである。

このように、東西対立の時代の終結とともに、テロリズムの恐怖は、政治・イデオロギーの領域から、部分的に一般犯罪の領域へと移動していった。

テロリズムの日常化と大衆化――それまで、テロリズムとは無縁であった活動家や権利主張者たちが、テロリズムという行為を発見してしまった。宗派、環境保護主義者、小児愛好者、労働組合などである。二〇〇一年五月、イタリア警察は、少なくとも九一人もの子供に性的乱暴を働き、その他の数十人もの子供に対し売春を強要した疑いで、六人を逮捕した。この犯罪グループは、「小児愛好家解放戦線」を設立し、治安部隊をおじけさせるほどのテロを実行しようとしていた。サラリーマンは、労働組合の要求が満たされなければ会社を爆破するなどと、公然と脅すようにもなった。

このような事例は、ますます増えている。二〇〇〇年七月、アデルショッフェン・ビール工場（アルザス）とセラテックス紡績工場（アルデンヌ）、二〇〇一年十一月、コルメル・ル・ロワイヤルのムリネックス工場（カルヴァドス）がその例である。

テロリズムの非合理性と巨大化——暴力は、もはや一定の範疇でくることができず、枠組みのない形で展開されている。一度の誘拐事件や殺戮の犠牲者数は、数十人単位で数えられる。アルジェリア（週あたり五〇人ほどの死者）、カシミール地方、スリランカ、コロンビアにおける週あたりのテロの犠牲者数など、誰が気にするだろうか。今となっては、一度に一〇人以上の死者がでない事件は、報道されぬままである。大量かつ巨大な犠牲者こそ、重要なのだ。一九九三年ボンベイの事件（死者三一七人）、一九九五年オクラホマシティーの事件（死者一六八人）、一九九七年ルクソールの事件（死者五八人）、一九九八年ダール・エッサラームおよびナイロビの事件（死者二二四人）、そして二〇〇一年九月十一日アメリカ合衆国の事件（死者数千人）などが、注目されるべき事件だ。冷戦時代のテロリズムは、他の一般犯罪や事故とくらべてあまり目立たず、しばしばそれと類似した事件の様相を示した。ジェラール・シャリアンのような良識派の観察者は、一九九九年においてもなお、「本質的に、テロリストたちができるだけ多くの犠牲者をだそうとしているわけではない」と述べていた[1]。だが、実際にはテロの状況はずっと前から変わっていたのである。無秩序時代のテロリズムは、犠牲者数が重要なのである。通常の戦争でさえ、テロリズムよりは死者が少ないこともあるかもしれない。しかし、テロリズムが現代における典型的戦争と化した今、このことは不思議なことだろうか？

（1）参考文献【7】参照。

テロリズムの直接性と残虐性——間接的戦術は、過ぎ去った。テロリストが今でも間接的戦術をとり続けていると考えるのは、大きな間違いである。相手は、策略も対話もなく一気に攻撃されるのである。テロリストにとって重要なのはただ単に相手を厳罰に処することだけなのだ。アルジェリアの過激イスラーム組織GIA（武装イスラーム集団）は、アルジェリア権力の支えであるとしてフランスを直接に攻撃した。オサーマ・ビン・ラーディンは、アメリカの利益を直接ぶち壊した。彼の目には、それが、不信仰者の権力とイスラエルの最後の支えとアラブ・ムスリム世界の不浄なる体制を具現化しているように映ったからだ。隠すことも、遠回りすることも、巧妙さも、そこにはまったく見られない。要求の不透明さなどどうでもよいのである。直接的な戦術は残虐性を伴う。伝統的なテロリズムは、国際的立役者たちを交渉の場に引き出すために用いられた戦術だった。しかし冷戦後のグループは、狂信的な確信によって動かされ、彼らの世界観をおしつけ、古いモデルを彼ら自身のモデルに置き換えることしかもはや考えなくなった。

テロリズムのハイテク化と単純な手法――「ハイテク」なテロリズムは、大半のテロリストにとって、もはや珍しいものではなくなった。手づくりで未熟な手法（圧力鍋を使った起爆装置、カッター・ナイフなど）は、これからも使われるだろう。しかし、このような単純な手法は、すでに、より高性能な技術と一緒に使用されている。

テロリズムの流動性と把握困難さ――以前のテロリズムは、階層性と永続性、ピラミッド型の垂直構造をもつどっしりとした実体であった。しかし、今やそれは、流動性と可動性を有する一時的な群れ組織になった。ビン・ラーディンの非常に漠たる集団やアルジェリアのイスラーム原理主義者たちのカティーバ（軍団）などの組織は、おそらくテロの実践上の大きな役割をはたしていないはずだ。

3　不変要素

舞台としての都市――テロリズムは、現代社会における都市化の進行と切っても切り離せない関係にある。都市には、政治的、経済的権力、また情報やその他の権力が集中するようになったが、かえってそれが権力を不安定にさせることになる。さらに人口集中は、テロリストの活動にきわめて適した環境を準備する。二十一世紀には、世界中の人口のほとんどが都市に集中する。混沌とした「都会のジャングル」は、テロリズムにとって、願ってもない舞台になろう。

観客をひきつけるメディア性――情報技術の進歩により引き起こされる暴力行為の「恐怖のスペクタクル」や「演劇化」については周知の通りである。事実、テロ行為は期待された宣伝効果があるから実行されるのである。確かに、いかなる活動も、テロリズムほどメディア化された強烈な影響を残さないといえる。以前は究極の手段として利用されていたテロリズムが、有名になるための真っ先の手段、ごく普通の日常的で自然に用いられる手段になった理由がよくわかる（巻末参考文献のグザヴィエ・ロフェールの著作、あるいはジェラール・シャリアンの著作を参照）。テロリズムにとっては、犠牲者よりも観衆こそが必要なのだ[1]、としばしば言われる。ともかく、テロリズムは、情報の海からはっきりと姿を現わすために、強い劇的性格を持たなければならない。それゆえに、テロ行為は、みずからを他の行為と区別させるために「メディアが伝える大衆の批判」なるものを獲得しなければならない。すなわちメディアによって惨劇の光景がやたらに伝えられる世界では、観衆をひきつけるために、ますます多くの死者を必要とするのだ。いくつかのテロ行為――たとえば誘拐、人質、航空機ハイジャックなど――は、いつまでも記憶に残るという事実からして、当然にも他の行為よりも宣伝性が強い。化学兵器、バクテリア兵器、核兵器などの使用は、大量破壊を目的とするよりは、通常の事件には反応しなくなったメディアを振り向かせようとすることが主たる目的である。他よりも、メディア性の強い武器があるということである。

テロ行為は、一つの情報であると同時に、表現方法でもある。それはまた、メッセージの伝達および加害者と被害者のあいだでの対話の方法でもある。一九七二年九月のミュンヘン人質事件は、この点で、大きな転換点となった。すなわちアブー・ダーウードは、世界の目をパレスチナ問題に向けさせるために、国際的メディアの巨大ネットワークを利用しようと考えていたことを、回想録のなかではっきりと述べている。(1) その後、この明白な証言のゆえに、メディアは、あまり意味はないが、根拠がないわけではない訴訟を起こされることになる。というのも、宣伝はテロリズムに活力を与えたからであり、またジャーナリストはテロリズムなしで生きてゆけても、その逆はありえないからである。実際には、明白な根拠のある情報であれば、テロリストの主張の信用を失墜させることができるのだ。だからテロリズムは宣伝を好み、確かな情報をひどくおそれているのである。

(1) 参考文献【8】参照。

標的としての世論と一般市民——その著『クラウゼヴィッツ、戦争を考える』(1) のなかで、レーモン・アロンが現代テロリズムの本質を鋭く分析している。「ある行為の、心理的効果と純粋な物理的結果とが不釣合いな場合、その行為はテロ行為とよばれる」。テロリズムは、正しく、心理戦争の最も暴力的形なのだ。テロリストが狙うのはなによりも、精神と意思である。テロリズムは、現実的結果と心理的結果のあいだに乖離を生みだし、効果を増幅させる働きをする。それゆえにこの乖離の原因を明確にしておかなければならない。それは、テロリズムの実践の二つの側面のなかに存在している。不意打ちと偏在性だ。テロリズムの時と場所における予測不可能性こそが、テロ行為に大きな心理的影響力を付与する。

(1) 参考文献【9】参照。

テロ行為は、一般市民をテロリストの戦略的手段に変え、集団責任の観念を発展させる。エミール・ヘンリーは、パリのカフェ「テルミヌス」に爆弾を投げ入れた罪での裁判の際、「無実の者など一人もいない」と発言した。テロ行為は、被害者（一般市民）と標的（権力）を分離させる。すなわち、テロリズムでは政府に圧力を加えるために、通行人を殺害し、観光客を誘拐するのである。普通法の犯罪では、犠牲者と標的が一致する。つまり、女性が持っているハンドバックを盗むために、その女性を襲撃するのである。この点で二つの犯罪は異なっている。要するにテロの犠牲者は、テロ行為の口実でしかないのだ。

（1）参考文献【10】参照。

責任の逆転――テロリズムは、責任の意味を根本的に覆すことにより、被害者に罪責感を与えようとする。テロリストはみずからを被害者であるかのように意識し、被害者が真の犯罪者のように見なされる。テロリズムは、実際に犯罪行為を政治行為に変え、犠牲者を冷血な加害者に変貌させるのである。

共通の精神傾向――テロリズムは、ただのテクニックや戦術ではない。その多様な政治的・宗教的動機の背後には不変の精神傾向がみられる。イデオロギー上の動機だけで、テロリズムの戦術が選ばれるのではない。テロリストは、二つの共通する確信を共有している。テロリストは、第一に行動を最優先すべきであると考えている。すなわち彼は「行動によるプロパガンダ[1]」の美徳に心酔している行動主義者である。即座に行動に移るの[2]が望ましいのである。奇妙な強迫観念がテロリストの心を支配しているのだ。かの有名なネチャーエフの次の告白はこのことを端的に述べている。「ことばは、すぐに行為が伴わないかぎり、革命家にとって価値をもたない」。第二にテロリストは、浄化や解放のための暴力の美徳を信じているのである（ジョルジュ・ソレル[3]、フランツ・ファノン[4]ほか）。

（1）フランスの物理学者ポール・ブルースにより、十九世紀に生みだされた表現。
（2）一八四七～八二年。ロシアの革命家で、革命のためには手段を選ばないという思想を、バクーニンとの共著『革命家のための教理問答』のなかで記述した〔訳注〕。
（3）一八四七～一九二二年。フランスの哲学者、社会思想家。マルクス主義に傾倒したが、史的唯物論には反対して「神話」による大衆の団結、反議会主義、直接行動主義を主張。ファシズムにも多大な影響を与えた。主著に『暴力論』〔訳注〕。
（4）一九二五～六一年。反植民地主義の思想家、革命家。西インド諸島マルチニック島出身の黒人。フランス植民地下のアルジェリアで医師として勤務したが、解放戦争の勃発とともに解放戦線ＦＬＮに参加。一九六一年、白血病のため訪米中に没。著書は『黒い皮膚・白い仮面』ほか、多数〔訳注〕。

弱者が強者に対して用いる戦略――テロリズムは、しばしば貧困層の核兵器、弱者の武器と表現されてきた。戦争の代替、弱者が強者に対して用いる戦略だった。象を前にしたスズメバチ、といったところだ。イタリアのことわざが正確に言い当てているように、強い人間は、戦争をしかけたりしない。テロリズムは、実際には、弱者の武器というより、弱さの、一時的または構造的表現なのである。なぜならば、テロリズムが少数派や被支配者集団の行為であるとしても、強力な国家が捕捉しがたい敵を前にして、一時的に劣勢に立たされたときには、強力な国家でさえテロという行為に訴えるからである。後者の事例では、たとえばスペイン国家がＧＡＬ[1]（「対テロリスト解放グループ」）を使って、バスク分離主義者ＥＴＡ戦闘員のためのフランス国内避難所を襲撃したことがあげられる。このようにテロリズムは、弱い国家の解決法であると同時に、公然たる敵対勢力を拒否する強い国家の手段でもある。

（1）ＧＡＬは、スペイン国家の幅広い支援を得て組織された集団で一九八三年から一九八七年のあいだに、フランス領内で二七人を殺害した。しかし実態は名ばかりできちんとした組織があるとはいえない。

テロリズムは、「激しい力のぶつかり合いがない衝突」、「非対称の戦争」の様式の一つなのだ。

弱者が強者に対して用いる戦略は、おそらく二十一世紀に危険な変異体を生みだしていくだろう。核やバクテリア、そして化学兵器によるテロリズムは、事実、われわれを「狂人から強者」に変貌させる世界へ誘っているのかもしれない。

このように理解されるテロリズムの戦略は、その力を四つの行動基準から導きだしているといえる。すなわち、防御よりも攻撃の優先、空間における力の分散、時間における力の凝集、そして用いられる手段の経済的節約。この点で、テロリズムは「経済的な戦争」であり、またグザヴィエ・ロフェールが「簡単で、高くないのに見返りは大きいこともありうる」と述べているように、宝くじに似た潜在的な性格をもっている。しかしこの状況がもたらす結果は、よくよく考える必要がある。なぜなら「これは一種の潜在的な戦争であり、来る数年間のうちに、その危険性は通常の戦争の危険性が減少するのに反比例してどんどん増大すると考えられるからである」(アリエル・メラリ)。

II テロリズムの定義に関する諸問題

定義の諸問題は四つの枠組からなる。

1 政治・外交上の問題

政治においては、発言それ自体が影響力を及ぼす。言外に非難の意味のこめられた、しかも重い「ことば」を意図的に(または意図がなくても)用いることは、通常政治的影響をもたらす。テロリズムということばによって敵の信用を失墜させれば、対立は避けがたいだろう。アメリカによるテロ国家やテロ組織リストの公表は、それだけで敵を指名したことになる(1)。このことは、三つの事例が証明している。

（1）後出四五〜四六頁（テロ国家とテロ組織）を参照。

二〇〇〇年二月二十四日木曜日夕方六時、リオネル・ジョスパン首相は、エルサレムにてイスラエルでは初の記者会見を開いた。会見のなかで彼は、「フランスは、兵士または一般市民に対して行なわれるヒズボッラーの攻撃およびすべての一方的テロ行為を、それがどこで行なわれようと、非難するものである。」と発言した。会場は驚きに包まれ、外務大臣ユベール・ヴェドリーヌは顔をひきつらせた。別の質問に即座に答えつつ、ジョスパンはヒズボッラーの攻撃は「テロリスト」のそれだと再度述べることでみずからの発言を力説した。記者会見は終了したが、マイクがまだ入っていることも知らず、ユベール・ヴェドリーヌが首相にささやいた。「少し言い過ぎではないか」。二月二十五日サント・アンヌ（西インド諸島のマルチニック島の地区名）のフランス領視察の際も、ヒズボッラーの「テロ行為」は「戦争行為」だとの発言が繰り返された。パリでは、ジャック・シラク大統領がリオネル・ジョスパンに手紙を送り、彼の発言に対して話し合いの精神と公平さの欠如を叱責した。二月二十六日、リオネル・ジョスパンがヤセル・アラファトによりヨルダン川西岸地域のビル・ザイト大学に招待された。そこでジョスパンは、ヒズボッラーについての彼の発言に対し批判と説明を求める要求に直面しなければならなかった。レバノンの状況とドイツ占領下におけるフランスのレジスタンスを比較したある学生に対し、ジョスパンは「まったく異なる状況について同じことばを使用するのは間違っている」と答えた。退場しようとすると、石の雨が降りかかり、彼は鋼板で装備された車に逃げ込むはめになった。単なる一つの発言が、フランス内政と外交の二重の危機を生みだしてしまったのである(1)。

（1）この事件の詳細については、G・マリオン／P・ロベール・ディアール「脱線についての再考」、『ル・モンド』紙（二〇〇〇年三月一日付）。

コソボ解放戦線[1]（UCK）は、一九九六年テロと暗殺の作戦を開始するとともに、正式に組織として名乗りをあげた。すなわち組織創設の日、セルビア人の支配に対する、アルバニア人の武装闘争は、二月十一日クラジナにある五つのセルビア人キャンプに対する一連の爆弾テロ攻撃とともに始まった。結果二〇人以上の死者と、数百人の負傷者が出た。一九九八年のたった一年で、この挑発的な戦略は、以下のようなおぞましい結果をもたらした。二〇〇〇件の武装攻撃により、軍人一八〇人、セルビア人警察官一二〇人、一般市民一九九人――うち四六人がセルビア人、七七人がアルバニア人、七六人がコソボに住む他のエスニック集団（ジプシー、トルコ人、その他）――が殺害された。コソボのアメリカ合衆国代表であるリチャード・ホルブルークは、UCKをテロ組織であると発言した（一九九八年十二月）。三カ月後、突如としてこの不名誉なレッテルは消された。アメリカは、アルバニア人分離派を必要としたからだ。アルバニア人分離派は、「野蛮なセルビア人と戦う自由の戦士」になった。結局、アメリカとNATOは、自由の戦士とテロリスト（信仰心の篤いイスラーム急進主義者と麻薬密売人）、いったいどちらを支援したことになるのだろうか。

（1）コソボ解放戦線（UCK）はコソボの独立だけでなく、大アルバニアの建設をも主張していた。そのためUCKという名とともに、マケドニアやセルビア南部の武装勢力（UCPMBやAKSH）のもとでも活動していた。

実は、アメリカはこれより以前に、オサーマ・ビン・ラーディンとの関係において、レッテル貼りの変化にともなう問題にまきこまれていた。アメリカは、サウジアラビア出身のこのイスラーム急進主義者に、アフガニスタンにおけるソビエト軍との戦いにおいては「自由の戦士」という名誉ある地位を与えていたが、ソビエト軍が撤退するとすぐに、彼を「世界一のお尋ね者テロリスト」と呼ぶようになった。かくて、ビン・ラーディンはアメリカの国益を激しく攻撃しはじめたのである（一九九三年モガディシオ、一九九八年ナイロビおよびダール・エッサラーム爆破テロ、その他）。

2 司法上の問題

テロリズムについて国連の枠組みで合意に到達できないのは、国際的に共通する定義がほとんど不可能という困難な壁が存在しているからである。それゆえ、国連の安全保障理事会は、この問題の困難さを包み隠し、その解決にとりくもうとしないのである。こうして、二〇〇一年九月二十九日の決議一三七三号は、定義に言及せずに、テロリズムの全世界からの追放を宣言しただけであった。

反テロの戦いは、ほとんどの国に特別な法規定を強いた。このため、それまでは普通法の範囲であったいくつかの犯罪行為が、以後特別の範疇に位置づけられるようになった。この範疇におかれた行為は、訴訟手続きでも処罰規定でも特殊な扱いをうけることになった。ある具体的行為を「テロリズム」と判断する権限をもつ公権力――フランスでは検事局――は、こうして明確な事実に対し、異常な意味と重要性を与える重責を担うようになった。政治や社会秩序に多大な結果をもたらすため、テロと決めつけるか否かの判断の基準は必ずしも明確でない。つまり、検察にとって、普通法か特別法かのどちらにするかは難しい判断なのである。[1]

（1）実際に以下のような犯罪の区別はあいまいである。クルド労働者党（PKK）のメンバーによる資金強奪作戦はギャング的行為かテロリズムか。解雇に抗議し、サラリーマンが街の中心部に位置する工場をガス入り瓶で爆発すると脅した。これはテロリズムか労働運動か。政府と交渉の最中、コルシカ島でなかば盗賊、なかばナショナリストの人びとが殺された。これは盗賊行為か「ナショナリスト」のテロ行為か〔訳注〕。

別の問題は、いくつかの国々が、テロ国家やテロ組織のリストを確かな根拠もなく作成したことである。たとえばアメリカ（一九七九年に国家について、一九九六年に組織について）や英国（二〇〇一年二月、組織について）などの国である。こういった対応は、テロ組織のメンバーや支援者に制裁を加えることを可能にする（ビザの発行拒否、解散、財産没収など）。ただしこれらの組織が活動の足跡をかき乱すために、組織の名称を変えてしまうと、この制裁措置も不可能になる。テロ国家やテロ支援国家に指名された国家は、アメリカとの貿易制限をうける。九月十一日事件以降、アメリカは態度をより硬化させる。オサーマ・ビン・ラーディンと結びつくグループおよび個人のリストが次々と公開され、その財産も凍結された。ヨーロッパ連合も、即座に歩調を合わせた。敵を明白に指名し、そのリストを公表するテクニックは、きわめて政治的行為である。

3　官僚制度上の問題

テロに直面した国家は、特殊な職務と情報資料の収集・分析にあたる専門的部局をすばやく開設する。この抑止的かつ予防的、膨大かつ競争的な職務は、行政上の職務範囲と考えられている。そのような対応は、当然にも、この部局の職務と、普通法の犯罪を担当する職務とのあいだに一線を画すために、テロリズムを定義――経験的であれ、予断的であれ――することが前提とされている。しかしテロか否かの境界線は曖昧で、しばしば変わる。同様に、誰をテロリストに加えてよいか、の判断材料が足りないので、反テロ情報リストが役にたったことはない。この種のリストは、フランスで一九八二年初めて作成されたが（VAT：『暴力・テロ・陰謀要覧』）、他のさまざまなテロ対策機関から情報を提供されることはほとんどなかった。リストへの掲載は、曖昧な概念に基づくというよりも、実際の取り締まりに必要な作業基準から行なわれた。他方で、テロリズムに対して特別に作成される情報リストは、政治的、民族的なブラックリストとして容易に使われる危険性がある。

4　統計上の問題

テロリズムの概念の客観的な理解は、ある程度、統計的処理によっても得られる。テロの数、場所、実行者、解明の割合などがそれである。たとえばアメリカの当局は、国内および国際テロリズムの年間数値を発表（Global pattern on terrorism）している。しかし当局の作業は純粋な政治的職務を超えているので、その数値と信憑性は当局独自のテロリズム定義に依存することになっている。フランスでは、こうした問題が提起されたことすらない。テロがほとんど公然と行なわれ（一九九六年）、したがってテロ行為を明確に把握できるにもかかわらず、このような統計が公表されない。ドキュマンタスィオン・フランセーズ出版（首相府の下の公的出版局）から発行されている『フランスで確認される犯罪と非行の概観』も、年度ごとにほぼ網羅的に問題をとりあげているが、最も目立つテロや逮捕者の数を列挙することにとどめている。それゆえテロリズムの概念の理解には、一般的犯罪統計のなかから、最もテロリズムに近い犯罪（たとえば公共施設へのテロリズム）を抜きだし、その他のより広い範疇に区別されるもの（殺人、犯罪集団など）とは区別する必要がある。フランスにおけるテロリズムの現実を、一定期間にわたって体系的分析するようなことは、無理な話である。また、本当のところいくつかの出された結論も信頼できない（たとえばコルシカ問題）。

Ⅲ　定義の不可能性

テロリズムが日常的によく耳にする問題であるから、あらためてそのことばの定義など無益な企てだと考えたくなるかもしれない。実際、問うべきことは、抽象的な定義ではなく、現実のテロリズム問題の核心に関わることである。レーモン・アロンは「革命」という語の意味について自問したとき、迷うことなく次のように答えた。「ことばの定義をめぐる論争は、それ自体はつまらぬ意味しか持たない。が、ことばについての議論は本質的問題を明らかにすることがよくある」(1)。

(1) 参考文献【11】参照。ポール・ヴァレリーが、この問題について的確な指摘をしている。「このようなことばは、日常用語のなかであなたがたが聞いたり、使ったりするときに明瞭であり、普通の発言のなかに突然にまぎれこんできてもこれといった困難さを感じないだろう。しかし、それを、話の全体の流れから切り離して、別途そのことばの意味を検討しようとすると、突如として手に負えなくなり、定義のあらゆる試みは失敗に終わる。」

1　定義の試みの不確実性

法的にしても純学問的にしても、テロリズムを定義する試みは、大抵はわれわれを当惑させる。実際に定義は、犯行の目的（政治目的の暴力行為）を強調したり、手段（テロ、誘拐、その他）を強調したり、与える影響（恐怖心をあおる）を強調したりというように多様である。したがって、テロリズムの定義は二つの明白な隘路にはまりこんでしまう。第一は、トートロジーのそれである。テロリズムが恐怖であるる、あるいは政治的暴力であると主張することは、循環論でしかない。

第二は、事実の列挙のそれである。犯罪のリストを作るだけでは、何の説明もしたことにならない。フランス法は、これら二つの不確実性の隘路から脱出していない[1]。

（1）第三章を参照。

2 複雑な概念

テロリズムのいかなる定義も合意を見るにいたっていない。その理由はあまりに単純であるため、しばしば無視されてしまう。すなわち、それはテロリズムの概念の中心に、本質的な二律背反と両義性が隠れていることだ。実際に、このことばは、行為全体と同時に、その行為に対する評価、たとえば闘いのテクニックやレッテル貼りなどをも意味している。またこのことばが、「テロリズムを実行する組織」について述べているのか、「一般的なテロ組織」について述べているのか、という問いを提示することもできる。というのも、この同じ概念を、具体的な敵対者を表現するレッテル貼りとしても使えるし、一つの行動の様式を表現するためにも使えるからだ。この多義性こそが、いつまでも無理解と誤解を生みだすのである。グザヴィエ・ロフェールはこのことを次のように述べている。「テロリストという形容詞はどこかに行ってしまった。元来、手法やテクニックを指し示すために使用されていたことばが、組織や国家を指し示すために使用されるようになってしまったのだ。それが分析を複雑にしたのだ[1]」。テロリズムということばは、したがって非常に情念的であり、論戦的である。その中立化は不可能にみえる。

（1）参考文献【12】参照。

（A）イデオロギーとしてのテロリズム――ことばの主観的解釈

ここでは、「テロリズム」ということばの否定的かつ不名誉な意味が問題となる。テロリズムというレッテルを貼ることは、悪宣伝の武器になった。このように形容することは、敵の信用を失わせること、つまり痛罵する役割をはたす。それは何よりも「敵を無力化する神話」である（グザヴィエ・ロフェール）。世論が重要な意味をもつ時代、敵を無力にする激しい非難は破壊的な影響をもたらすことになる。このような烙印をおされた敵は自分が信用を失うおそれがあることに気づく。そして、「テロリスト」ということばの定義のあいまいさが、敵の信用をますます失墜させることになる。他方で、テロリズムがつねに勝者の定義であることは明白である。一方の人にとっての英雄は、他方の人にとってのテロリストである。逆もまたしかりである。テロリズム、それは、われわれに嫌悪感を抱かせるような他者による暴力である。権力は、つねに反抗者をテロリストと名指しすることも、また評価を逆転させることもできる立場にある。それゆえに、占領者や植民者によって「テロリスト」として名指しされた者が、国家指導者や政府指導者の「地位」に変わったり、ノーベル平和賞の「地位」を得たりした政治家たちは数えきれないほどいる（ネルソン・マンデラ[1]やヤセル・アラファトなど）。

（1）一九一八年～、南アフリカの黒人解放運動指導者、反アパルトヘイト運動により反逆罪の罪で逮捕。のちに大統領就任（在一九九四～九九年）。一九九三年ノーベル平和賞受賞〔訳注〕。

イスラエルの国家建設のための戦闘に関わっている事実からみて、この指摘はほとんどのイスラエル首相に当てはまるものだ。ユダヤ人入植者の自衛組織ハガナーを組織したベン・グリオン、ユダヤ人入植者の自衛組織レヒ（シュテルン・グループ）のリーダーであったイツハク・シャミール、ユダヤ人軍事組織イルグーンの創設者メナヘム・ベギン[1]、エフード・バラクとアリエル・シャロン（二人とも対テロ特殊部隊員）などだ。いったん権力の座につくと、彼らはパレスチナ人の「テロリスト」を探しまわることをやめなかった。逆もまたしかりで、パレスチナ人は彼らを「国家テロリスト」として非難した。このような事例は、他にもたくさんあるだろう。

（1）『イスラエルの反逆』（一九五三年）のなかで、メナヘム・ベギンはイルグーンのテロリスト的性格を否定している。彼は、イルグーンとはラテン語を起源とし、愛国、反テロリズムなどの形容がふさわしい、と述べる。

大抵の場合、テロリストは戦闘員あるいはパルチザンとして定義されることを好む。こうしたことばは、テロリストよりもより中立的で、ある種の合法性や、政治的正当性をもっているように思わせるからだ。(1)

（1）ロシアの「ポピュリスト」組織として名高いナロードナイア・ヴォリヤ（一八七九年結成。帝政に対してテロでもって闘った）は、「テロリスト」という語をひどく嫌う。彼らは、ただ「体制を解体すること」だけをめざしていた「ゲリラ兵」であった。

したがって、なんとも扱いにくい、この現象を指し示すために、遠まわしの婉曲表現（政治的暴力とか武装闘争など）が頻繁に使用されることに驚く必要はないだろう。(1)

（1）九月十一日の米国同時多発テロ事件後、政治的な統制が非常に厳しくなった。ロイター通信が、二五〇〇人の記者に「テロリズム」ということばを使用しないよう要請したのもそのためである。「テロリスト」ということばが、自動的に一つの判断をくだしてしまうからだ。

テロリズムとレジスタンス――イデオロギー的解釈による相対主義のわなに陥るのを避けるために、テロリズム（正当性のない政治的暴力）とレジスタンス（正当な政治的暴力）という明白な区別基準を用いるほうがよい、としばしば言われてきた。その場合、暴力の正当性の基準は、一般的に明確な政治目標

――「戦闘員」はそのなかで活動する――が掲げられているか否かによる。明確な目標をもつか否かという判断基準は、きわめて明瞭である。すなわち自由のために戦う者がレジスタンス活動家であるのに対し、自由体制を破壊する者はテロリストである。デュヴェルジェ教授はこの考え方の唱道者である。「レジスタンスとテロリズムとの基本的な違いは、それがどのような体制下に行なわれたかによる。暴力の上に築かれている体制、つまり政治的独裁や軍事的占領に対して行使された暴力の場合、それはレジスタンスである。市民が平和的に反対する手段をもつ国家、つまり民主的国家に対して行使された暴力の場合、それはテロリズムである。この区別はまた、植民地化された人びと、あるいはそのように主張する人びとにも当てはまる[1]」。

（1）「暴力と民主主義」、『ル・モンド』紙（一九八一年七月三十日付）。「憲法が想定すること」、『ル・モンド』紙（一九八四年十月十八日付）。

しかし暴力が行使される体制の性格だけでなく、用いられる手段をも考慮の対象に加えないといけないとなると、この区別の基準はより微妙になる。というのも次のような意見もあるからである。「暴力は、いかなる理由――例え拷問を受けようとも――があろうとも、使うことがけっして許されない武器である。だが現実には、罪人や戦闘員を直接に打ちのめすのではなく、多くの無実の人びと、市民を虐殺することによって激しい恐怖を撒き散らそうとする盲目的な暴力が存在する。こうした手段は、その手段を用いる人びとの表明した目的や思想がなんであれ、本質的にファシスト的性格をもっている[1]。」

（1）前出のデュヴェルジェ教授の論稿。ジャン＝フランソワ・ルヴェルも「自由のためのテロリズム？」、『ル・ポワン』紙（一五二〇号、二〇〇一年十一月二日付）のなかでもモーリス・デュヴェルジェと同様な基準を提唱している。

パレスチナ解放機構（PLO）のヤセル・アラファト議長が一九七四年十一月十三日の国連総会で行なっ

た有名な演説は、この議論の特徴をはっきりと説明している。「革命家とテロリストの違いは、何のために戦っているのか、その動機のなかにある。というのも、正当な理由がある者、すなわち自由のため、侵略者、植民者、植民地支配者からの土地解放のために戦う者をテロリストと呼ぶのは不可能なのだ」。

しかし、掲げられた目標や行使された手段に従って「テロリスト」か「レジスタンス運動家」か、を判断する試みはどれもあまり成功しているようには思えない。そこには正当な理由と正当な手段のあいだに完全な整合性があるはずと考える、あまりに素朴で理想主義的考えがあるからである。戦いがどんな錦の御旗を掲げようとも、その背後には不正義や偽善が隠されているものだ。そのうえ、目的の正当性についての議論は非常に複雑である。すなわち歴史は、民主的権力でさえ弾圧を行なうこともありうる、とわれわれに教えているのである。

実際は、レジスタンスとテロリズムのあいだには密接な関係がある。その境界は、異論が多く、かつ主観的な「正当性」という概念によって説明されてきた。すべてのテロリストがみずからをレジスタンス運動家だと主張する。この論争に終わりはない。結局、第三世界の多くの国々からみれば、テロリズムの概念は、先進国が自分たちを攻撃するイデオロギーの武器の一つになっていることになる。というのも先進国は、貧困国や被支配国の解放闘争の正当性を失わせるために、一方的にその闘争をテロと名指ししようとするからである。

この「テロリズム」ということばをめぐる厳しい非難が、何よりも第二次世界大戦から始まるということは興味深い。それ以前、人びとはテロリズムということばにそれほど、うしろめたさを感じていなかった。たとえばボリス・サヴィンコフは、ロシア革命の記憶を『あるテロリストの回想録』[1]と題して出版した。また、ＯＲＩＭ（内部マケドニア革命組織）は少しもためらわず、みずからをテロリストと称している。

(1) 参考文献【13】参照。一九九七年、ニューヨークでの訴訟で、ラムズィー・ユースフは以下のように述べた。「そうだ。私はテロリストであり、そのことを誇りに思う。アメリカに対するテロリズムが続く限り、私はテロリズムを支持する」。

テロリズムの普通犯罪扱いと大義の矮小化——政治的戦闘員は、「テロリスト」というレッテルを貼られる以上に、目立たない一般的「犯罪者」の範疇、つまり普通法の範疇に矮小化されてしまうことをひどく恐れる。彼らの犯罪に「テロリズム」というレッテルを貼っても、そのなかから政治的意図は消されないのに、この一般的「犯罪者」という位置づけは、その行為の政治的意図を全面的に否定してしまう。つまり普通犯罪扱いはテロリズムという形容以上に大きな不名誉なのだ。敵対者を犯罪者呼ばわりするのは、攻撃された権力がいつも用いてきたやり方である。権力がこうした方法をとるのは、敵の信用を失わせようとする、意識的かつ戦術上の意図の表われでもあるし、複雑な状況の綿密な分析に基づく場合もあるし、またかなり危ない事例ではあるが、脅威の政治性をまったく理解していないことに基づく場合もある。紀元一世紀、ユダヤ人ゼロテ党員の「武闘派」がローマと戦った際に、ユダヤの刺客たちが行使した暴力に対し、同時代の歴史家フラヴィウス・ヨセフ(彼自身はユダヤ人であるが)は、ローマの迫害に対する抵抗という側面には触れず、彼らを、みずからの略奪を愛国のなせる業と偽装しようとする単なる山賊としか描いていない。

テロ国家とテロ組織——テロリズム概念の政治的有用性は、アメリカがテロ国家(一九七九年から)とテロ組織(一九九六年から)のリストを毎年公表して以来 、具体的に明らかになった。というのも政治活動家たちが、突然、国際レベルの悪漢として社会的制裁を加えられるようになったからである。唯一の帝国としてのアメリカは、こうして正義、善、悪などを判断し、道徳上の新しい範疇を定義する権限を不当にも独占した。国家や組織は、一面的で異論のある特徴づけをされていることに気づいた。というのも定義が状況的理由によってなされているからだ。そのように操作された意味の単純化は、ある存在を国際社会から追放することを目的とする。テロ国家は、ならず者国家（不良国家、除け者国家、悪党国家）という、より広い範疇の別名称にすぎない。実際に、ならず者国家という呼称は、状況に左右された偏った見方を含み、異論のあるものである。事実の正確な調査よりも、唯一の超大国、アメリカの一種の威嚇外交政策に基づく目先の国益が優先されているのである。一九九三年から、北朝鮮、キューバ、イラク、イラン、リビア、シリア、新たに加えられたスーダンの七カ国はこのような烙印を押されている。このリストの作成は、非常に主観的なものである。多かれ少なかれテロを実行し、許容し、あるいは支援している国々でも、アメリカの同盟国（たとえばカシミール地方でテロを実行しているパキスタン）は、まるで偶然のように「忘れられた」存在になっているのである。

しかし、「テロ国家」リストという地獄の前に、一九九六年の「反テロリズム法」によって規定された煉獄が存在する。このなかに分類される諸国家は、「アメリカのテロ撲滅運動に反対はしないが、全面的には協力しない」国家、または「懸念される」国家とされる。このレッテルは、テロ国家のそれよりも穏やかな汚名であり、単なる警告として意味をもっている。この煉獄国家のうえにテロ国家が位置づけられ、そこには例の頑強な抵抗者七カ国とアフガニスタンがリストアップされている。しかし、この不愉快なレッテル貼りの遊びをしているアメリカみずからが、一九六〇年代から八〇年代のラテン・アメリカおよびアジアにおけるみずからの政策のゆえに、テロ国家の「肩書き」を付与されかねないともいえる。

ある国家や組織がどんなに有害であっても、それらの性格を一面的な犯罪事実だけに矮小化することはできない。

最後に、二〇〇一年九月十一日以降、アメリカによって召集された反テロリズム大連合のなかに、シリア、イラン、キューバ、スーダン、リビアのような「ならず者国家」が参加しているのは皮肉なことである。ときとして、「必要とされる異端児」が存在するようである。

(B) 方法論としてのテロリズム——ことばの客観的解釈

ここでは、テロリズム概念をそのなかの政治性について考察するのではなく、もっぱらその方法についてのみ考察をする。それは、価値判断から抜け出て、現実判断に近づくためである。いかなる国家や組織の考察にも適用できる政治的に中立的な分析枠組みを提示するためには、テロリズムから論戦を呼ぶ外皮を取り除かねばならない。それは、いかなる特殊なイデオロギーも含まれない定義の仕方である(グザヴィエ・ロフェール)。この観点は、まったく科学的であり、実際的である。しかし、テロリズムが、正義にかなっているか否かはともかく、信念に従った、何よりも武力による闘いの手段でしかないとしたら、もはやテロリズムとレジスタンスを区別する根拠はない。

そこで考慮すべきは別の区別の方法、つまりテロリズムそれ自体の区別である。テロリズムかレジスタンスかの不毛な議論から離れて、「解放のテロリズム」と「抑圧のテロリズム」の区別をあえて考えてみよう。すなわち、「解放の戦士と全体主義の懐古主義者とを漠然と同じ呼称でまとめることはできない。ブダペストの反乱軍やナチス占領に反抗するレジスタンスの英雄、とドイツの「赤軍派」やイタリアの「赤い旅団」とのあいだにはなんの共通点もない。一方の側では、独裁権力の抑圧と戦うことによる自由の回復が問題となる。またもう一方の側では、その反対で、言うなれば「ブルジョワ」の民主主義を打倒することが問題となる[1][2]」。

（1）一九五六年のハンガリー動乱で蜂起した市民〔訳注〕。
（2）参考文献【14】参照。

一九四二年五月、ボヘミア（チェコスロバキア北部）とモラヴィア（チェコスロバキア中部）地方における「ドイツ第三帝国の保護者」（ナチ親衛隊長）であった、ラインハルト・ハイドリッヒの殺害は、実質上レジスタンスという大義に従ったテロ行為であった。だが、良いテロリズムあるいは悪いテロリズムなどあるのだろうか。

このように、議論はなかなか明瞭な結論に到達することはできず、結局、テロリズムはさめたリアリズムによって分析されることになる。すなわち、テロリズムは戦争の現代的な形の一つである、と。

戦争の新しい形としてのテロリズム――テロリズムが、警察の管轄下の公秩序における騒動というよりも、武力衝突の範疇に属するという考えは、戦争について非歴史的固定概念をもつ者を混乱させる。テロリズムが戦争の新しい形式だとの主張は、戦争は戦場で行なわれるという古典的戦争イメージを抱かない限り、もはや驚くようなことではない。戦争と戦場を重ねて戦争イメージを抱くことは、戦争が実際には予期された場所ではけっして起こらないことを知らないことになろう。たとえば、一九一四年の塹壕とガス、一九三九年の機動戦と戦車などがその例である。戦争は、政治的条件と技術的条件の進歩に応じて変化するのである。まさに「戦争法規は永遠不変ではありえない」（レオン・トロツキ）、「戦争はカメレオンである」(1)（レーモン・アロン）のである。通常の戦争は、特別な法規（形式的慣習法）に従い、時間と空間が限定されているが、長く、かつ領域的広がりをもち、しかも集団的、系統的、組織的な暴力現象である。また、古典的戦争は、はっきりとわかる開始と終結があり、敵もはっきりしている、という意味で、流血の結果を前提とした契約である（ガストン・ブートゥール）、といえる。

（1）参考文献【10】参照。

反対に、テロリストの暴力は瞬間的に行なわれ、宣戦布告もない。冷戦期から、テロリズムは象徴的に殺し、通常の戦争は統計的に殺してきた。この図式は、二極時代の終結とともに終わった。西洋諸国によって採択された「死者ゼロ」ドクトリンにより、通常戦争による死者はほとんど出なくなった。その一方で、いくつかの現代的テロリズムは、数字のうえではるかに多くの血を流している。一九九〇年代、テロリズムは古典的な戦争よりも、多くのアメリカ人とその仲間たちの命を奪い、負傷者を出した。すなわち、オサーマ・ビン・ラーディンによるたった二日の攻撃（一九九三年ソマリアのモガディシオ、一九九八年八月ケニヤとタンザニア）で犠牲となったアメリカ人の数は、数カ月間にわたる湾岸戦争でのアメリカ人の戦死者数よりも上回っていたのである。それにもかかわらず、二〇〇一年九月十一日のテロ事件の被害をこうむってしまった。古典的な戦争は、場所がはっきりし、予測の可能な過程で展開される。しかしテロリズムはみずからを隠し、予測を不可能にさせようとする。時間も空間も厳密に制限されず、いたるところが戦場となる（バス、商店、その他）。軍服もなければ、標的にタブーもない。これは、告知されず、宣戦布告もなされず、名前ももたない戦争なのだ。テロリズムの玄人でもあるブラジル人、カルロス・マリゲラは一九六九年に『都市ゲリラ兵の小さな手引き』[1]のなかで、テロリズムは、戦争行為以外の何ものでもない、と書いている[2]。東西対立の時代の終わりとともに、テロリズムは、かつてないほどに戦争的色合いを濃くするようになった[3]。

（1）一九六四年に軍のクーデタに遭遇した、ブラジル共産党執行委員会のメンバー、カルロス・マリゲラは、武力闘争の必要性を強調した。その後、彼はブラジル共産党から排斥され、共産主義闘争組織である「革命人民前衛」を設立。『都市ゲリラ兵の小さな手引き』は、テロ実行のマニュアルとなった。彼は一九六九年、治安軍によって殺害された。

（2）この重要文書は、パリ犯罪研究所によって再版された。『報告と研究』、特別号、一九八八年第一‐四半期。

（3）参考文献【5】参照。

だが、テロリズムは、平和的状態から古典的戦争状態までを含む広い概念であり、多様なレベルと形の武力紛争がテロリズムの名で表現される。アングロ・サクソンのテロリズム概念を再度、引用しよう〔三二頁に既出〕。テロリズムは、「激しい力のぶつかり合いがない衝突」、「非対称の戦争」の典型的例なのである。それゆえ、テロリズムは、革命的戦争、市民的戦争、異分子の戦争、などさまざまな言葉でもって解釈されることになる。

いずれにせよ、テロリズムは、その犠牲者がおもに一般市民である、戦場のない戦争なのである。それは、他の戦争よりもはるかに徹底して、市民と軍人の不安定な境界を破壊してしまう戦争なのだ。

戦争の堕落した形としてのテロリズム――フランス革命に由来する戦争は、単に兵士だけでなく、国家の社会的総力を戦争に巻き込んだという意味で、総力戦である。とりわけ、それは軍よりも一般市民にひどい被害を与える結果になる。敵を全滅させることも不可能ではなくなり、市民の安全は最終的な勝利を勝ち取るための、脅しの手段になった。フランス革命期のヴァンデの戦いは、この点で象徴的な先駆者の役割をはたした。その後、ナチス（カヴェントリー、ロンドン、その他）、そして連合国による、一九四五年二月のドレスデン爆撃（六万人から二〇万人の死者）、一九四五年八月六日と九日の広島と長崎への原爆投下（それぞれ死者六万人、四万人）などによって、陰惨な実演が展開された。以来、敵の士気を打ち砕くために、市民に加えられる苦痛は絶えることがない。アメリカ軍による北ベトナムの村々への爆撃（一九六五〜七三年）、レバノン軍団（マロン派民兵組織）によるサブラとシャティーラのパレスチナ人難民キャンプでの大虐殺（一九八二年九月、イスラエル軍の黙認のもとに実行）、ルワンダの政権（フッ人）によるツチ人ジェノサイド（一九九四年）などである。戦争は市民を標的にし、多数の市民を犠牲にしはじめたとき、その堕落化への道を歩みはじめた。テロリズムは堕落した戦争の現代的形といえよう。

Ⅳ　微妙な類型論

単一のテロリズムから多様なテロリズムへ

一つのことばのなかには、非常に異なった多様な状況が隠されているものだ。伝統的な分類方法は、異なるテロリズムを、その政治目的や起源によって区別している。時代の特徴ともいえるが、こんにちでは、研究者たちは、用いられる手段と同様に、告知される目的を基準にして、テロリズムを分類している。戦闘の本質よりも、その結果のほうが重要であるかのように、研究者の関心は、テロリズムの究極要因よりも、手段のほうに向いている。そこには、昨日までテロリスト（目的）に対する同情心や好奇心に向いていたものが、こんにちでは犠牲者（結果）のほうに向くようになった、関心の変化が見てとれる。おそらく、この変化には、テロリズムの方法の技術的向上も関係しているのだろう。

1　起源に基づく分類

冷戦という、まさに地政学的状況と密接に結びついている、この分類方法は国家の果たす役割を明らかにする。すなわち、この分類方法は、テロリズムを、国家との関係および国家のテロリズムへの関与の場所に従って区別するものである。

（A）国家との関係

テロ国家という範疇は、敵の行為をきわめて卑劣な行為だと決め付けることによって、敵を決定的に無能力にさせる不名誉な分類法である。歴史的にテロ国家と糾弾された国としては、イラン、イラク、リビア、北朝鮮、スーダン、その他などが知られている。この範疇は、テロ行為に資金提供したり、テロを実行したりする国家を示す。「テロリズム支援国家」という分類は、類似の範疇であるが、テロリスト国家という範疇とくらべれば、悪者イメージはそれほどでもない。これは、物的援助あるいは政治的助力の形でテロ組織を意図的に支援する国々をさす。この範疇にはまた、テロリストに隠れ場所、避難所を与える国家も入っている。

だが、ここにはより微妙な問題が横たわっている。というのも、それは新たに「テロリスト」の定義の問題を提起するからである。すなわち、援助と厚意とのあいだの境界線はどこにあるのか？　たとえば、ハマスのメンバーに与えた慈善的行為（一九九〇年代）に対するスーダン非難は、同じハマスのメンバーを寛大に扱おうとする西洋諸国――この場合はイデオロギー的共犯によってではなく、表現の自由や庇護権の尊重によってではあるが――にもあてはまるであろう。エジプトの英国に対する非難がそのような例である。イラン・イスラーム共和国も同様に、モジャーヘディーネ・ハルクに庇護を与えたことを理由に、テロリズムを支援したとして西洋諸国を非難するのは容易であるはずだ(1)。

（1）イランのモジャーヘディーネ・ハルクは、イラン・イスラーム共和国に反抗するマルクス・レーニン主義の運動である。その指導部は一九八六年以来、イラクに亡命している〔訳注〕。

こういった現象は、けっして新しいものではない。共産主義国家（旧ソ連、キューバ、南イエメン、その他）は、冷戦期にこのようなテロで勇名を馳せた。両大戦間期において、国家の関与は周知の事実だった。たとえば、ファシズム時代のイタリアは、クロアチアのウスタシャ、内部マケドニア革命組織（ORIM）、さらにはフランスの「革命秘密行動委員会」などを幅広く支援していた。

結局、国家のテロリズムとは、テロリズムの本質ではなく、一つの状況を意味する範疇である、といえる。この見地からすれば、ほとんどの国家――たとえ民主的とされる国家であっても――が、その歴史のある状況下では、この非難を受けるようなことをしてきたのである。一体どの国が敵対者を排除するために、あるいは厄介な船を遠い他国の海で爆沈させるためにこの手段を用いなかっただろうか。このように、国家のテロリズムは、いろんな時代状況や政治情勢のなかで起こりうるのである。

（B）国家テロリズムの関与の場所

ここで問題となるのは、国内テロリズムと国際テロリズムの区別である。前者は国内に起源をもち、それに対し、後者は一種の輸入品である。国際テロリズムには、二つの非常に異なる現実が隠されている。すなわち、テロの被害をこうむる国が、その直接の標的であったのか、それともたまたま暴力による決着の場とされてしまったのか、という二つである。

2　目的に基づく分類

目的論的分類は、政治社会状況の影響を受けやすい範疇である。たとえば、この分類法によれば、ハマスは、政治的イスラームの普及のためと同じく、パレスチナ解放のためにも戦っているのである。

（A）革命的、あるいはイデオロギー的テロリズム

歴史的な登場順序に従って述べれば、まず無政府主義運動が出現し、続いて戦闘的共産党員とマルク

ス・レーニン主義ゲリラ兵（トロツキストや毛沢東主義者など）が登場する。たとえば、赤い旅団[1]（イタリア）、赤軍派[2]（ドイツ）、日本赤軍[3]（日本）、アクシオン・ディレクト（フランス）、十月一日反ファシスト革命グループ[4]（スペイン）、デヴリムジ・ソル[5]（トルコ）、トゥパマロス国民解放運動[6]（ウルグアイ）などである。その後、シーア派（レバノンのヒズボッラー）、そして何よりもスンナ派イスラームの教義に動かされた宗教的テロリズムが出現した。アルジェリアのＧＩＡ（武装イスラーム集団）やオサーマ・ビン・ラーディンなどがそれだ。オリエンタリストのなかには、政治的イスラームの失敗という楽観的見通しをしばしば述べる者がいるが、スンナ派原理主義イスラームの思想的影響を受けたテロリズムは、今後も長く、現代テロリズムの脅威の中心をなすだろう。極右のテロリズムは、とくに、北アメリカと南アメリカ、トルコ（灰色の狼）で猛威をふるったが、ヨーロッパではきわめて少ない。イタリアだけは例外で、一九六〇年代から一九七〇年代にかけて、名高き「ストラテジー（戦術[7]）」が頻発した。しかし、犯行と捜査にはさまざまな操作の疑いがあり、真相は不明である。

（1）赤い旅団はイタリア北部（ジェヌ、トゥラン、ミラノ）に一九七一年に現われる。その目的は労働者大衆闘争を起点にして、武装闘争を発展、根づかせることである。この組織による主要なテロは、一九七八年のアルド・モロ殺人事件である〔訳注〕。

（2）ドイツの赤軍派は、一九七〇年五月、アンドレアス・バーデル（バーデル団）とウルリク・マインホフによって組織された。同派は、一九九二年の自主解散まで、非合法活動の主犯グループであり、恐ろしい殺人者集団として有名であった〔訳注〕。

（3）日本赤軍は、一九七三年に出現し、人目をひく反アメリカ・テロや航空機ハイジャック事件で有名になった〔訳注〕。

（4）反ファシスト革命グループ（ＧＲＡＰＯ）は、一九七五年十月一日、マドリードでの四人の警官殺害で知られるようになった。この共産主義闘争グループは、強盗や局地的なテロで有名になった〔訳注〕。

（5）デヴリムジ・ソル（革命的左翼）は、トルコに多数存在する極左組織の一つで、おもな敵は警察や軍隊など、国家の治安機関である〔訳注〕。
(6) この組織は、占領者スペイン人を追放するための闘いを始めたインディオの指導者トゥパク・アマルに敬意を表して、一九六二年に誕生した。短命（一九六二年〜七三年）であったにもかかわらず、トゥパマロスは人目をひく誘拐事件で有名になった〔訳注〕。
(7) 当時、左翼労働者の運動が激化しており、右翼過激派が左翼の犯行に見せかけて（戦術）行なったという極右テロをさす〔訳注〕。

(B) ナショナリズム的、ないしは分離独立主義的テロリズム

このテロリズムは、人民の自決権という革命思想に基礎をおき、つねにパルチザン的立場から歴史を読み直すことから生まれてくる。それは、植民地解放戦争のときに、最も輝かしい時代を体験した。たとえば、アルジェリア民族解放戦線（FLN）やアイルランド共和国軍暫定派（PIRA）（アイルランド民族主義者の私兵組織）のテロリズムである。また、この種のテロリズムは、こんにちでも古い国民国家のなかに残っており、ときには民族浄化のような際立った側面も見せる。たとえば、ETA（バスク祖国と自由）、FLNC（コルシカ民族解放戦線）などである。

(C) 終末論テロリズム

千年王国主義的、黙示録的使命感を抱くこの種のテロリズムは、セクトや武装市民のテロ行為である。一九九五年のオウム真理教事件（地下鉄サリンは一九九五年三月二十日）やオクラホマシティーでの事件（一九九五年四月十九日民間武装組織「ミリシア」活動家による連邦政府ビル爆弾テロ事件）がその例である。

(D) 動物・環境保護テロリズム

エコ・テロリズムは、あまり知られてはいないが、おそろしいテロリズムであり、自然保護を絶対最優先におく行動主義の形をとる。伝統的な生態環境の周辺で活動をしている、このテロリズムは、最初

にアングロ・サクソンの国々に出現し、社会に不安を抱かせる、多くのテロを敢行した。フランスではまだ過小評価されているようである。

3 方法に基づく分類

(A) 孤立者のテロリズム

これは、伝統的政治組織(国家や団体)には属さず、過激派思想の影響やときには精神的混乱状況のなかでテロを実行する「一匹狼」や「無法者」たちのテロリズムである。

FBIによって「ユナボマー」と呼ばれたアメリカのセオドア・カジンスキー(1)や、イギリスのデーヴィッド・コープランド(2)が記憶に残るところだ。彼らの孤立性と精神的錯乱が、その行為を予測不可能にしている。(3)

(1) 一九四二年生。工業化による現代文明は人間性と生態系の破壊だとして、産業社会を全否定。ユナボマーUnabomberとは、大学Universityと飛行機Airlineを攻撃Bombingしたことからの異名〔訳注〕。
(2) 一九七六年生。ネオ・ナチストで、一九九九年ロンドンの黒人やアジア人に対する爆弾テロを敢行〔訳注〕。
(3) この現象はいまだほとんど知られていないが、あちこちで起こっている。イスラエルでは、バルーフ・ゴールドシュタインが、自動作動兵器で、ヘブロンのモスクにいた二九名のパレスチナ人を殺害(負傷者は一五〇人)した。ハリール・アラー・アブー・アルバは、バスで人ごみのなかに突っ込んだ(死者八名、負傷者二六人。事件は二〇〇一年二月十四日、テルアヴィヴでおこった)。フランスでは、イヴ・ペイラが、一九九六年から九八年にかけて行なった、国民戦線の事務所に対する六つのテロ犯罪のかどで、二〇〇一年禁固五年に処せられた〔訳注〕。

(B) 核・細菌・化学兵器によるテロリズム

この範疇のテロに関して、環境グループやイスラーム急進派組織によって引き起こされた事件は無視できない警報であり、企てであるといえる。しかし、こんにち、問題なのは、一九九五年のオウム真理教によるサリン事件が孤立した行為なのか、歴史のいたずらなのか、あるいは新しいテロ方法の予告なのか、を知ることである。[1] 核・細菌・化学兵器によるテロリズム発展の可能性について、専門家たちはしばしば懐疑的になる。しかしながら、この脅威が三つの異なる顔をもっていることを考えると、問題点が明らかになってくる。

（1）一九九三年二月のニューヨーク世界貿易センタービルへの最初のテロでは、失敗はしたものの、すでに化学物質が使用されていたことを思い出す必要がある〔訳注〕。

第一は、核、細菌、化学兵器という特殊武器そのものを製造し、利用することである。このテロの方法は、実際上の技術的困難さ（開発、保存、使用）をともなっていることが明白なので、その選択から実行までの過程はしばしば複雑で、不確かである。第二は、実行はより容易であるが、伝統的手段（爆弾、ロケット弾、その他）を用いて、核・細菌・化学の諸施設（原子力発電所や研究所など）をテロ標的にすることである。この第二の方法は、前例があるだけに、より熟考をする必要があろう。すなわち一九八二年一月十八日、五発のRPG型ロケットがクレイス・マルヴィルの原子力発電所（イゼール県）の建設現場に撃ち込まれた。ありうる第三の方法は、有毒物を直接に、閉めきった場所や給水タンクに撒き散らすやり方である。

核・細菌・化学テロリズムは単純なものでない。技術・装置の分析だけでは、それが使われる動機や理由を説明できない。このテロリズムでは、方法と理由が複雑に入り組んでいるからである。イデオロギー的動機が決定的であるが、伝統的テロリズムのそれとは異なっている。このテロは、きわめて非理性的、抑えがたい感情に基づいて起こされるもので、テロの影響は質的にも量的にも計算しがたい。したがって、このテロは、発作的性格、狂信的性格、終末論的性格などテロリズムのあらゆる特徴をもっている、といえよう。

最後に次のことを指摘しておく必要がある。すなわち、核・細菌・化学テロリズムの実際の影響力は、致死率や破壊力の潜在的大きさよりも、それが引き起こす、やや非合理的で特有の恐怖心、そしてまた、このテロによる巧みなメディア利用のなかにこそ存在するのだ。

（C）情報テロリズム

このテロリズムは、たとえばウイルスやコンピューター爆弾、トロイの木馬などを利用して敵の情報システムを攻撃する。アメリカは、いつの日か、情報の「パールハーバー」を経験するのではないかと危惧している。そのため、これに備えて二八億ドルもが二〇〇〇年度予算に組み込まれたのだ。この脅威は、まだ潜在的であるが、情報ネットワークによる結びつきをますます強めつつある現代社会——それゆえにもろく崩れやすい——の将来にとっては、確かに憂慮すべきことである。というのも、情報テロリズムは、社会の最重要分野（航空、海運、銀行、株式取引所、電力発電所、原子力発電所など）の情報システムを麻痺させることができるからである。地味で安上がりな手段ではあるが、それによってわれわれの社会組織が機能不全に陥るかもしれないのだ。

第二章　反テロリズムの戦い

Ⅰ　フランスの場合

　フランスで展開されるテロ対策の構造は、複雑であり、明らかに国内治安システムを模したものになっている。すなわち、それは、現代の脅威についての冷静な考察の結果というよりは、歴史の偶然の賜物、相次ぐ妥協の産物である。その構造は、三つの異なるレベルから成り立っている。①政治レベル、②行政レベル、そして③執行レベルである。

　他方で、テロ対策は、国家の独占ではありえないということを考慮することも重要である。世論、メディア、議員、知識人、企業など社会全体に関係することなのである。「テロリズムに対する国内治安についての政府白書」が関係諸機関全体に関わる長期の戦略的見通しを明確に示している[1]。

（1）参考文献【15】参照。

1　政治レベル

　国内安全保障理事会（ＣＳＩ）は、一九九七年十一月十八日に設置された機関を継承する形で、二〇〇二年五月十五日、政令によって正式に創設された。これは、大統領の指揮下に置かれた、各省庁の連絡調整の役割を担う政治機関である。

反テロリズム各省庁間連絡委員会（CILAT）には、首相または内務大臣の議長のもとに、首相の代理人たち、国防省、法務省、外務省、内務省（必要に応じてその他の省）の各大臣の代理人たちが出席する。これは省庁間調整機関であり、テロの危険に対処するために採るべき政策を研究する。CILATは、一九八二年、パリ、ロジエ通りでのテロ事件後、設立された。

2 行政レベル

テロ対策の調整機関は目新しいものではない。すでに、アルジェリア戦争中に北アフリカ情報調整機関（SCINA）が創設された。少しあとであるが、同戦争中には連絡局（BDL）が司法警察、総合情報局（国家警察機構の機関）、および国土監視局（内務省の機関）をあわせて組織された。連絡局は、OAS[1]対策を検討するために、毎日夕方に会合を開いた。その後、常設調整委員会が、一九七六年六月に、テロ対策連絡局（BLAT）が一九八二年九月に設置された。さらにテロ対策調整室（UCLAT）が一九八四年十月八日の省令により設置された。テロ対策調整室は警察庁長官の直接の管轄下に置かれ、テロ対策に関わるすべての国家部局を統括すること、つまり各省庁間の調整機関の役割を担っている。また、それは情報伝達の役をも担っていると見なされている。すなわち、それは、フランス国内においては、テロ対策担当の外国機関の代表者を迎える役割を担い、国外においては、テロリズム対策における二国間協定（ドイツ、イタリア、イギリス、スペイン、その他の国と結ばれている）に基づき、当該国に配置されたフランス警察署を指揮している。テロ対策調整室は、またヴィジピラト作戦[2]の実行と反テロリズム各省庁間連絡委員会事務局の管理を任務としている。

（1）アルジェリア独立戦争の末期、独立に反対するフランス人が組織したテロリスト組織。OASとは秘密武装組織の頭文字。テロはアルジェリアだけでなくフランス本土でも、またその対象はアルジェリア人だけでなく、フランス人の将校、憲兵隊、裁判官などにも及んだ〔訳注〕。

（2）一九七八年ジスカール・デスタン大統領のときに作られ、現在も採用されている反テロ政策。テロの脅威度を色で示す〔訳注〕。

地方自治体レベルでは、テロ対策は国家の代理人[1]に委ねられているが、特定の地方では、治安権限を認められた県知事に委ねられている。

（1）具体的には国家警察総局や国家憲兵隊総局の地方組織などをさす〔訳注〕。

法務省の刑事事件・恩赦部局には、組織犯罪、テロリズム、マネーロンダリング[1]を防止するための事務局がおかれている。この事務局は、テロ対策と刑罰規定についての法案を起草する権限、公訴の追跡調査をする権限、さらにはテロ対策調整室（UCLAT）と国防総本部（SGDN）と協議をする権限を与えられている。

（1）不正取引で得た資金の出所や流れを隠すために預金口座を移動したり、外国の不動産に投資したりすること〔訳注〕。

経済財政省には、二〇〇一年十月、財務局長の指揮下にテロ資金調達を調査する部局（FINTER）が設置された。テロリズムの脅威の分析という役割だけに限っていえば、これを担当する部局は、首相管轄下に属する各省庁横断的機関、すなわち国防総本部（SGDN）と省庁間情報連絡委員会（CIR）の二つである。

3　執行レベル

二〇〇六年一月二十三日の法および二〇〇六年三月三十一日施行の行政命令は、とりわけテロリズムの予防拘禁、および（または）テロリズム取り締りの職務を担う専門機関に関わる法規定である。[1] テロリズムに関する法の執行レベルの状況は以下の通りである。

（1）国家警察のおもな任務は以下の通りである。
——テロ対策調整室（UCLAT）と中央総合情報局（DCRG）が担当するテロ犯罪行為の予防拘禁。中央総合情報局には、総合中央情報局の県・管区の支部のなか、とパリ警視庁総合情報局（DRGPP）のなかの双方に、対テロ闘争を任務とする調査分室、グループ、班、小班が置かれている。

——国土監視局（DST）が担当するテロ犯罪行為の予防拘禁と取り締まり。国土監視局には、とくにテロの予防拘禁と取り締まりを担当する、中央局および管区局と小班が置かれている。

——中央司法警察局テロ対策課（DNAT）は、さまざまな司法警察中央局の調整拠点、司法警察の管区および合同管区の本部局である。

国家憲兵隊もテロ犯罪行為の予防拘禁と取り締まりを担当する。

——この任務遂行のために国家憲兵隊のなかに、対テロ闘争部局、司法調査・情報専門局、調査班が置かれている。

（A）情報の調査分析

国土監視局（DST）と中央総合情報局（DCRG）は、内務省に属し、テロリズム対策のための情報の収集・分析の遂行にあたる。国土監視局は国際テロ、つまり外国や国外組織に由来するテロリズムを取り扱う。その活動は、防衛機密として内密に扱われる。中央総合情報局は国内テロ、つまり国内起源のテロリズムを扱う権限をもつ。

このような権限の分割はごく最近のことである。というのも一九八〇年代初めまで、国土監視局がフランス分離主義派（FLNCなど）にも取り組んでいたからである。このように、両者の担当領域の区分はあいまいであり、それがいつまでも続く対抗意識の原因にもなっている。国土監視局はテロリズムを国外の脅威として分析し、他方、中央総合情報局はそれを国内に生活する外国人コミュニティーの監視という理由で分析、捜査するので、結局、同じテロリズムが、二つの機関によって競争的に張り合う形で分析、捜査されていることになる。とくにイスラーム過激派対策については、この二つの機関のライバル意識が顕著に出る例である。テロ活動の捜査では、パリ警視庁総合情報局（DRGPP）も言及する必要があろう。これは警視庁の歴史的独立性のゆえに、警察本部の統制から独立して活動をしている。

国防省管轄下に属する、対外安全総局（DGSE）は国外における情報調査という重要な任務を担う。以上の諸機関に加えて、保護・防衛安全局（DPSD）と軍事情報局（DRM）もテロ対策に取り組んでいる。(1)

(1) 二〇〇六年一月二十三日の立法府は、防衛情報部に、警察の主要資料の閲覧を認めることによって、その役割を強化するとしている。

結局、国土監視局（DST）、中央総合情報局（DCRG）、パリ警視庁総合情報局（DRGPP）、対外安全総局（DGSE）の四つの情報捜査機関が協働し、ときには競争しながら、また国際的テロが起こった場合には、一緒に捜査にあたったりしているのである。

(B) テロの取り締まり

テロの取り締まりは、主として司法警察中央局（DCPJ）に任せられ、その管轄下にある国家司法警察局テロ対策課（DNAT。旧司法警察中央局第六部局）――一九九八年に設置されたが、二〇〇六年より反テロ対策分室に統合された――が実際の取締りにあたっている。国家司法警察局テロ対策課は、全国を管轄下におき、地方においては司法警察合同管区局（DIPJ）の犯罪班（パリでは刑事課テロ対策班）の支援を得る。また、監視や尾行については、調査・介入班（BRI）の協力を得る。一九九〇年代、テロリズムに関しては司法警察中央局は、より大きな任務を課せられるようになり、テロの分析・整理という単純な役割から、本格的なテロ対策にとりくむようになった。

国土監視局（DST）[1]はまた、国際テロリズム防止のための司法権限も有する。さらに、この役割は拡大しつつある。

(1) DSTは、テロ対策の三つの部局、すなわち治安部局（予防対策）、情報部局（当局からのテロ脅威・情報の分析）、特殊犯罪警察（司法的防止）の三つの部局を併せもつのでテロ対策において中心的役割を担っている。

これらのさまざまな部局は、パリ大審裁判所の検察局に属する特別検察官部局（テロ対策中央部局SCLAT――旧パリ検事局第十四課――のなかに組織されている）の指揮下に活動し、また同時に予審司法官とも一緒に行動をする。そして、現在では、DCPJとDSTの二つの司法機関は決定的な重要性を持つにいたった。人数も増員され、八人の検察官と、八人の予審司法官から構成されている。

(C) 介入部隊

逮捕は、特殊部隊（上述のDST、DCRG、DCPJなど）によって、あるいは特別な専門技術を必要とする場合は、GIGN（一九七六年設立の「国家憲兵隊治安介入部隊」）や、RAID（一九八五年設立の「調査・補佐・介入・抑止部隊」）によって行なわれる。RAIDは、単なる介入部隊ではないことを明記しておきたい。すなわち、このRAIDは、とくにテロ対策のために特別の尾行防諜活動を行なう部隊で、組織上はテロ対策調整室（UCLAT）の管轄下に属し、実際の活動においてはすべての警察機関の要請に応じる。

(D) その他の機関

反テロリズムの戦いは、いわゆる「特殊」機関だけに任されるものではない。国内の治安体制は、すべての組織が結びつく一つの環なのである。税関、国境警察、公安警察、その他の機関も協力しなくてはならないである。これらの非特殊機関によるテロの予防的抑止力は、たとえその効果が測りにくいとしても、きわめて重要である。事実、多数の事件がこれらの機関の通常任務の遂行で解決されているのだ。すなわちブルノー・ブレゲとマグダレナ・コップの逮捕、ハーリド・ケルカルの死、[1]その他。[2]危機のときには実際に総動員体制で捜査にあたることもありうる。

(1) 一九七一年アルジェリアのムスタガネム生まれ。家族とともにリヨン郊外に居住し、一九九〇年代からイスラーム過激派と接触、GIAのテロリストとして活動。フランスの最優先テロリストとして全国指名手配され、一九九五年九月リヨン郊外の森のなかで発見、憲兵隊により殺害された〔訳注〕。

(2) 逮捕と国家権力による誘拐とのあいだの境は微妙であることを考えておく必要がある。いくつかの逮捕は、表向き法的に装われた国家権力による誘拐である。

短所と長所

中央集権化、特殊専門化、(管轄の)競合・重複はこんにちのフランスにおけるテロ対策制度を特徴づけている三点である。前二者の特徴は、テロ対策制度を効果的に機能させるための、明白なる長所である。しかしながら、フランスのテロ対策は、不幸にもフランス的短所がめだっている。それは、競合・重複である。諸機関が互いに補完的というよりも、競い合っているフランスのテロ対策「共同体」は、とくに危機状況下において、その不協和音の実態を露呈する。こうして、一貫した論理ではなく、時代状況によって、テロ対策において多様なライバル関係が生まれた。こうしたライバル関係は、ただ単にその任務の執行の効率性を悪くするだけでなく、多大の無駄なエネルギーを放出させているのである。

Ⅱ　ヨーロッパの場合

1　変貌しつつある諸機関

国際協力を組織する公式機関は多数存在し、その形式もクラブ、会議、討論集会など多様である。だが、実際には執行レベルでの国際協力の現実は、二国間の警察・情報・治安機関の機密的、かつ日常的な協力にとどまっていた。それは、司法政治が公的に制度化される前段階の国際協力であった。

ヨーロッパにおける執行レベルの国際協力は欧州警察（EUROPOL）の発展とともに新しい段階を迎える。一九九九年七月一日以来実質的「活動」を開始した欧州警察は、EUの内務・司法閣僚理事会の指揮下で活動をする。本部はハーグ（オランダ）にある。欧州警察は、鎮圧機能を主とする伝統的警察機関というよりは、司法に関する情報交換センターである。

この、いわば萌芽段階のヨーロッパFBIは、テロとの闘いを公式にその権限の一つとしている。しかし欧州警察は、当初はテロ対策とはかけ離れた任務をもつものと考えられていた。また、欧州警察と一対をなす司法機能を担当する欧州司法協力機構（EUROJUST）は、二〇〇〇年十二月、ニース条約によって設置され、現在はEU加盟国間の法規問題の調整機関の役割をはたしている[1]。それは将来的にはヨーロッパの検察庁となるはずである。政治的には、二〇〇四年三月二十五、二十六の両日、欧州理事会はテロ対策調整官を置くことを決議した。その任務は、調整官の決断によって効果的なテロ捜査を可能にすることである。

（1）刑事訴訟法六九五条十一項以下を参照。

2　法的実践の曖昧さ

しかしながら、ヨーロッパ内の協力は「国家の現実」が強いる制限、つまり国家主権や各国の国益という障壁に長いあいだ突き当たったままの状態である。一つめの障壁は、ヨーロッパ司法制度の不統一である。「シェンゲン協定加盟国」があらゆる形の犯罪に対して、ヨーロッパを一つの共通領土として対処すると決めたにもかかわらず、法の規定と実践の多様性のために、法的手続きは以前のままになっている。この問題に関しては、ヨーロッパでは情報・警察部門のほうが、司法分野よりも進んでいるといえる。そのうえ、各国が「国外紛争」にわけもわからないまま巻き込まれるかもしれないといった口にしない、あるいは口に出せない不安を抱いている。そのため協力は確かに行なわれているが、微妙でことばにできない制限内での協力にすぎない。

III　国際レベルで進むテロ対策の大きな変化

テロ対策は、四半世紀前から大幅な進展をみているが、その大半はアメリカ指導による。

1　武力による報復

これは、二つのレベルで確認できる。武力による反駁(攻撃)と、財産と人の保護(防衛)である。ある国々は、武力や特殊部隊による報復をテロ対策の重要な手段としている。この選択は、文化的、政治的判断によると同様に、執行の必要性(対峙している軍事力の程度、地勢的状況、侵略の規模など)によって決定されるものである。イスラエルとアメリカは、予防・抑止のメッセージとしても、同時に即時の正当防衛としても、規則的にこの手段を用いる。このようにして二〇〇一年以来、アリエル・シャロン政権は、通常戦争の手段(戦車、ヘリコプター、軍用機)によってパレスチナ人「テロリスト」に報復している。しばしばアメリカによって編成される「対テロ戦争」の大規模な行為は、以下のように最近とくに目立っている。

――一九八〇年、四月二十四日から二十五日にかけての夜中、タバス〔イラン内陸部の砂漠のオアシス都市〕に展開中に特殊空挺部隊は、ヘリコプター八機と飛行機一二機により、一九七九年十一月四日より在テヘラン米国大使館内に拘束されている五二人のアメリカ人人質の救出作戦「イーグル・クロウ(鷲の爪)作戦」を試みたが、失敗し、八人の死者を出すことになった。死者はすべてアメリカ人であった。

――一九八三年十一月十七日、フランス軍は、レバノンを攻撃した。これは、ヒズボッラーの基地（バールベック）とシリア軍の陣地に対するもので、十月にフランス軍の軍事司令部で起きた自爆テロ（死者五八名）への報復である。しかし、結果は、激しい反撃を受け、しかもそれがメディアで大々的にとりあげられたため、フランス軍はこの地からみじめな撤退をせざるをえなくなった。

――一九八六年四月十五日。一〇〇機ほどの米軍戦闘機がリビアのトリポリとベンガジを攻撃した（死者三七名）[1]。これは、四月二日ベルリンのディスコ「ラ・ベル」で起きたテロ事件（アメリカ人二名死亡、負傷者六四名）への報復であった。これに対し、リビア側は、少しあとの一九八八年、「ロッカービー事件」でもって報復した。

（1）そのなかにはムアンマル・カダフィ大佐の養女も含まれていた〔訳注〕。

――一九九三年六月二十六日。ジョージ・ブッシュのクウェート訪問（四月十四日～十六日）の際のテロ未遂事件に対し、その報復として米軍ミサイルがバグダードのイラク諜報機関の本拠地を攻撃。

――一九九八年八月二十日。オサーマ・ビン・ラーディンによって八月七日に行なわれた在ケニヤおよび在タンザニアのアメリカ大使館爆破への報復措置として、アメリカ軍がアフガニスタン（ホスト地方）の軍事訓練場と、スーダン（ハルトゥーム）にある製薬工場「アル・シーファ」にトマホーク巡航ミサイル七五発を打ち込んだ。

――二〇〇一年十月。九月十一日の米国同時多発テロ事件に対する報復として、アメリカ軍（とその同盟国軍）がアフガニスタンへの軍事攻撃を開始した。それは「不朽の自由」作戦と称された。目的は、同テロの指導者とされるオサーマ・ビン・ラーディンの逮捕、彼をかくまっているとされたアル・カーイダとターリバーン政権に対する攻撃であった。

結局、これら報復措置が実際どれほど有効なものだったかには議論の余地がある。純粋な軍事報復措置は、一般的にはテロの脅威にはほとんど効果がないものである。

しかしながら、テロの脅威に対する国内防衛は、ますます武装部隊の出動を要請するようになっている。フランスでは、この任務は、当然にもこの任務に関する法的規則で定められている。すなわち「防衛とは、いかなるときにも、いかなる状況下においても、またいかなる形の攻撃に対しても、国土の安全と完全さ、および国民の生命を守ることを目的とする。[1]」

（1）『防衛法』L.一一一一条一項。

国内領土においては、ヴィジピラト作戦（六一頁の注（2）を参照）により、とりわけ街頭や厳重な警戒を要する場所付近に、司法警察官およびその代理人とともに、軍を出動できる態勢ができている。原子力発電所やダムなど厳重警戒地点は、地対空ミサイルで防衛されている。海上交通は、フランス海軍の厳重監視下におかれている。外国においては諜報部と軍隊が、活動の中心部隊としてテロの予防に積極的に関与している。[1]

（1）いわゆるヘラクレス作戦の枠内で、アフガニスタンやインド洋で活動。

最後に、テロリズムによってフランスを脅かすような国家に対しては、フランスはその国家を抑圧するために核兵器を使用することをもいとわない、という考え方をもっている。[1]

（1）二〇〇六年一月十九日、空軍大洋戦略部隊でのフランス大統領の演説。

アメリカも、フランスと同じようにテロ対策のために軍隊を強化する方向にある。政府は、国家の安全保障のために五万七〇〇〇人の予備兵と国民軍[1]を召集した。こうした報復のための軍事力強化は裁判権にまで影響を及ぼしているようである。ジョージ・W・ブッシュ大統領は、こうして効率と治安上の理由から、外国籍のテロリストたちを民事裁判所ではなく、特別軍事法廷によって裁くことを認可した（二〇〇一年十一月）。

（1）州知事の指揮下にある州軍ないし州兵。連邦政府の補助を受けており、非常時には正規軍に編入される〔訳注〕。

2　遠隔の国外での逮捕

米国は、テロリストたちを、彼らの活動拠点から遠く離れた国外の地で捕らえるための正当性を、一方ではこれを正当と認める最高裁判所の判例に基づき、他方では「ヒーローズ（英雄たち）作戦」[1]と命名された連邦プログラムに基づいている。公式には、CIAの支援を得たFBIが現地警察と一緒に行動をするが、事実上は、任務の中心を担うのはアメリカ人である。こうして、FBI捜査員は一九九五年二月にパキスタンでラムズィー・ユースフ[2]を、一九九八〜九九年にアルバニアで複数のエジプト人イスラーム急進主義者（同じテロの容疑者たち）を逮捕した。トルコ当局は、みずからはたいして活動をせずに、ケニヤに亡命中のクルド労働者党（PKK）の歴史的英雄であるアブダラー・オジャランを捕らえることに成功した（一九九九年）。

（1）逮捕には多額の報酬金が支払われたので報酬作戦とも呼ばれた〔訳注〕。
（2）一九九三年アメリカの世界貿易センタービル爆破の容疑者の一人〔訳注〕。

これらの逮捕は、テロリズムに対する法的報復に信頼性を与えようとしたのである。だが被疑者なしの訴訟は法的に無効であり、米国の場合がそうであるように、ときには法的訴訟自体が不可能なものである[1]。

（1）誘拐と外国の地での逮捕の境界線は微妙であることを記しておく。外国の地での逮捕は、ときには法的正当化を装った誘拐でしかない〔訳注〕。

3　情報の重要性

情報・治安機関は、この新しい脅威との戦いにおいて時折遅れをとり、融通が利かないことがあった。比較的最近まで（一九七〇年代から一九八〇年代）、これらの行政機関のあるものが、みずからの「本来の」任務はスパイ活動とスパイ対策であり、テロリズムはもっぱら犯罪警察機関の管轄である、と考えていた。「テロリスト」という課題は品位に欠けると思われていたのである。だがこうした時代は終わった。テロリズムは、一九九〇年代に情報・治安機関の主要な任務になった。時代のシンボルたるＣＩＡは、米国のすべての機関が出すすべてのテロ情報を集める機関としてテロ対策センター（ＣＴＣ）をもっている。

しかし、恒常的かつ信頼度の高い情報収集能力によってのみ、効率的で継続的にテロリズムと闘うことができることは、経験上証明されている。テロリズムに対して、情報の役割は次の三つである。脅威を予測、予知すること、首謀者を予防的に制圧すること、司法による鎮圧に協力をすること。犯罪警察組織だけでは、テロ対策は不可能なのである。

専門的技術情報は、テロ捜査において時として決定的要素となる。だが個人の素行や財産に関する「秘密捜査」という方法は今でも重要あり、それが特殊機関の存在理由でもある。これらの特殊機関の捜査方法は確かに効果があるが、人権やプライバシーなどの問題がからみ実際にはつねに曖昧で微妙ではある。しかしメディア、議会、法律の基本的あり方などがこの機関に過度に敵対的であってはならないだろう。個人情報は、脱領域化、流動化、そして複雑化した情勢に直面して、いまだかつてないほど重要性を増してきているからである。

4　政治・経済制裁

米国は、一九七三年、一連のテロに関与したリビアに政治・経済制裁を適用したが、これがテロ対策としての政治・経済制裁の最初である。この制裁措置は、一般的に特定の一国が特定の一国に対して行なう。テロ国家あるいはテロ対策非協力国家リストに載せられた国は、さまざまな貿易・資金援助制裁を受けることになる。米政府はまた、制裁に国際的正当性を得るために国連決議で採択させた。これは多国間制裁とよばれ、カダフィ大佐のリビア、国民イスラーム戦線のスーダン、そしてターリバーン政権のアフガニスタンなどに対しこの制裁措置がとられた。

5　超法規の処刑

法的には非難されても、即効性がないわけでない「テロリストの集団処刑」は、テロ対策の方法としてしばしば用いられてきた。この選択肢は、しかしながら権威主義体制の独占ではなかった。これは、一般的に体制が、その維持存続にとって危険になったテロリストに追いつめられ、あるいはいささか手を焼くようになった国でとられる解決法である。

超法規の殺人は、公的な警察・情報機関によって監視、統制され、アウトローの世界で生きているグループの独占のように思われるが、実はそうではないのである。この微妙で表に出にくい仕業も、ときに公権力の命令に従って警察や情報などの政府機関によって実行される。

イスラエルは、特殊な戦略状況におかれているために、超法規殺人を対テロ戦略の伝統的手段として用い、アブー・ジハード[1]、ファトゥヒー・シカーキー[2]などがその犠牲者となった。ミュンヘン・オリンピック大会におけるテロ（一九七二年九月五日）で一一人の選手が殺害された翌日、ゴルダ・マイール首相は、「ヒドラ（ギリシア神話の水蛇）のようなテロリストたちの首を切る」ことを決意した。大半の首謀者と共謀者は順々に殺された（パリ、カンヌ、ロンドン、ブリュッセル、キプロス、ベイルートなどで）。アリエル・シャロン政権の誕生とともに（二〇〇一年）、殺害政策は正当防衛の名のもと公式に容認され、規模も大きくなった（数十人が殺害された）。

（1）本名ハリール・ワズィール。アラファトとともにファタハ（パレスチナ解放組織）創設。一九八八年チュニスでイスラエル特殊部隊員により暗殺〔訳注〕。

（2）一九五一年ガザ生まれ。パレスチナにイスラーム・ジハード運動を組織、武装解放闘争を指導。一九九五年イスラエル軍により暗殺〔訳注〕。

ある政治的・戦略的状況下では、標的をしぼった殺人が一定の地域的問題の最終的解決手段になることがある。たとえばフランス国内に逃げ込んだETA〔バスク祖国と自由〕に対するGAL（対テロリスト解放グループ）の攻撃（一九八三～八六年）、あるいはコロンビアでのパブロ・エスコバル[1]の部下に対するPEPES（「パブロ・エスコバルによって迫害された人びと[2]」）の攻撃（一九九三～九五年）がそうである。超法規の死刑執行はつねに象徴的、感情的、かつ政治的な満足感を与える。とはいっても、復讐それ自体のなかには根本的な解決策が用意されているわけではない。標的を定められた殺人は、その手段が軽率に利用されることで、むしろ逆効果であることを明らかにしかねない。テロよりもその解決策のほうが悪いということになる。

（1）メデジン・カルテルという麻薬密売組織のボス。一九九三年十二月射殺〔訳注〕。

（2）コロンビア警察とも結びついた、パブロ・エスコバルと敵対した人びと〔訳注〕。

イスラエルは、これに関して最近苦い経験をしている。一九九二年、ヒズボッラーの事務局長であるシャイフ・アッバース・ムサーウィーが標的殺害作戦でイスラエルの軍用ヘリコプターにより殺された。ヒズボッラーは、在アルゼンチンのイスラエル大使館（一九九二年）とブエノスアイレスのユダヤ人互助協会本部ビル（一九九四年）に対する爆破テロで応戦した。そのうえ、ムサーウィーの後継者であるシャイフ・ハサン・ナスラッラーの南レバノンにおけるゲリラ戦があまりに激しかったため、イスラエル軍は南レバノンから撤退せざるをえなかった。この場合、超法規の殺人のどこに利益があるというのか。

第三章　フランスのテロリズム対策法

「自由は、法が情熱に優位する国でのみ可能になる。」

ラコルデール

I　刑法とテロリズム対策特別法

テロ対策上の刑法には二つのタイプが存在する。一つは、普通法とは異なる特別法、もう一つは、間接的ではあるが、テロ対策にも効力を有する普通法である。

1　厳密な意味でのテロ対策特別法

新しい法律——二〇〇六年一月二十三日、新しいテロ対策法が制定された。[1] 実際に、一九八〇年代までの刑法はテロリズム概念をまったく含んでいなかった。アルジェリア戦争中の一九五〇年代から六〇年代に制定された、いくつかの法律には、たしかにテロ対策が規定されている。とくに「国家安全に対する犯罪予防に関する法律」がそうである。しかし立法府が本格的にテロ対策に乗りだしたのは一九八六年のテロ（リビアのカダフィ大佐の関与が疑われた）に遭遇してからで、まず一九八六年九月九日にテロ対策の新しい法を制定した。この法では、テロリズムは独自の犯罪行為として定義されてはいないが、被害者補償の訴訟手続きに関する特別の訴訟手続規定が定められている。

（1）二〇〇六年一月二十三日に制定公布された法律は「テロとの闘い、ならびに安全および国境検査に関する諸規定」である。フランスが新しいテロ対策法を制定した理由は、マドリード（二〇〇四年三月十一日）に続き、ロンドンでも大規模なテロ事件（二〇〇五年七月七日）が起こり、フランス国内でも同様のテロ事件が起こる可能性が現実のものになったこと、犯人逮捕にビデオ監視カメラが役立ったが、イギリスとくらべてビデオ監視カメラ等、技術面でのテロ対策の遅れが明らかになったことなどである〔訳注〕。

さらに一九九四年三月一日施行の刑法は、テロリズムについて、それを独立した犯罪として一節を設け、特別処罰規定にしている点で、今までより、一段とテロ対策に踏み込む姿勢をしめしている。また環境テロのような特殊テロ犯罪に対する規定さえ含まれていた。テロリズム対策法は、その後さまざまな刑法および刑事訴訟法の諸規定により補完されていった。

すなわち、刑事犯罪（懲役年限三〇年）および軽犯罪（二〇年）について、公訴時効と懲役年限の期間を延長し、統一することを定めた一九九五年二月八日の法律、一時的留置と夜間家宅捜索に関する一九九六年七月二十二日と一九九六年十二月三十日の法律。テロ犯罪の裁判を安全かつ滞りなく進める意図をもって制定された一九九七年十二月二十九日の法律（刑事訴訟法第七〇六条十七項一）は、安全上の理由から特例として、通常、裁判が行なわれる場所とは異なる場所で裁判を開くことを認めた。

日常の安全に関する二〇〇一年十一月十五日の法律は、一方でテロの犯罪規定範囲を拡大し、違法資金のマネーロンダリングやインサイダー取引禁止[1]の違反行為をもテロ犯罪に含めた。また、新しいテロ犯罪──テロリストへの資金提供など──を加え、他方でテロ対策についての法規制を緩和した（とくに共和国の検事からの要請で車両捜索ができるようにした）。

（1）株価の情報を他人に先んじて入手できる立場にある人（インサイダー）の株の取引を禁止する規定〔訳注〕。

国境の安全と監視に関する多くの法規定を含む、二〇〇六年一月二十三日のテロ対策法は、テロ犯罪行為の禁圧を重くしつつ、他方で新しいテロ犯罪規定を設けることによって法界域を拡大したり、訴訟の規制を緩和したり（刑の執行の、地方裁判所から中央の裁判所への集中の程度を拡大、拘留期間を六日間に延長）、また情報に関する捜査を容易にしたりした（たとえば、航空・船舶・鉄道の乗客に関する資料の閲覧、国際列車内での無条件の身分証明書提示要求[1]、司法警察による特定の車の登録番号とその持ち主の確認[2]、電話およびインターネットでの通信の、請求に基づく監視、ビデオ撮影による監視、テロリズム担当警察による行政警察資料の閲覧など）。

（1）刑事訴訟法七八条二項。
（2）刑事訴訟法七〇六条二四項。

特別法──一般的にはこのテロ対策法は例外的な法と理解されているが、実はそうではなく、他の多くの法（経済財政刑法、とくに組織犯罪法など）と同様に、特別法なのである。現在では、テロ対策法は、重大な組織犯罪対策の法規定のなかに含められている。なぜこうした位置づけがされたのかは、テロ犯罪と麻薬犯罪に対する特別規定の共通点をあげれば理解できるだろう。すなわち、テロ犯罪、銃刀法違反、爆発物所持法違反などは、麻薬犯罪と同じように、事前の同意なしに、かつ夜間でも家宅捜索できる特別規定が認められている。

以上のように、テロ対策法は現代刑法の正しい変遷過程を歩んできたのである。つまり数多くの頻繁な法改正と、容疑者の利益を考慮した法的保護の拡大とが同時になされてきたのである。

A　テロ行為の法的定義——新しい特別犯罪規定

あらゆる違法行為と同様に、テロ行為にも客観的要素と主観的要素とが含まれている。

（a）テロ行為の定義

立法府は、普通法の犯罪か特別法の犯罪かという二つの基準に従って、テロ犯罪を四つに分類する作業をはじめて行なった。

古典的テロリズム——特別法の規定が適用される犯罪に該当。刑法第四二一条一項は、テロ行為を以下の違法行為である、と規定している。すなわち、

①「生命に対する故意の侵害、人格の十全さに対する故意の侵害、誘拐、監禁、および航空機、船舶、その他現行刑法第二編に規定されたあらゆる輸送機関の略取」

②「窃盗、強奪、破壊、損傷、および現行刑法第三編によって規定された情報分野に関する違法行為」

③「第四三一条十三項から十七項によって規定される戦闘集団および破壊活動による違法行為、および第四三四条六項と第四四一条二項から五項によって規定される違法行為」

④「防衛法L二三五三条四項に規定された兵器、凶器、爆発物の製造と所持」

——防衛法L二三五三条五項〜八項までに規定された爆発物の生産、販売、輸出入。

——防衛法L二三三九条二項、五項、八項に規定された、いわゆる爆発物を用いて製造される武器の獲得、所持、輸送または不法携帯。

——防衛法L二三四一条一項および四項に規定された違法行為。

——防衛法L二三四二条五七項〜六一項によって規定された違法行為。

⑤「前述の①から④で規定された違法物資の隠匿」
⑥「現行法の第三編第二章四節に規定された違法資金マネーロンダリング」
⑦「財政金融法L第四六五条一項に規定されたインサイダー取引」

生態環境テロリズム――一九九二年の立法府は、その目的と定義の点で従来の法規定にはない、まったく新しい違法行為の規定を定めた。ここで問題となるテロ行為は、大気中、地上または地中、食品もしくは食品化合物、あるいは水中、ならびに領海内の海中に、人間あるいは動物の健康、ならびに自然環境の保全を脅かす物質を撒布することであり、かつ、その違法行為が、恐怖と脅迫によって公共の安寧秩序を著しく混乱させる目的をもって、個人または集団によって「意図的に」企てられた場合を想定しての規定である（刑法第四二一条二項）。

この生態環境テロリズムは、立法者によって意図的に広義に規定がなされている。すなわち、これは撒布という行為に関する規定であるが、問題にされているのは、散布される物質の組成ではなく、その影響力なのである。さらに、法は、この行為を法益に対する侵害または危険が生じなくとも犯罪と見なす形式犯の考えを採り入れた。かくして核、生物（とくに炭素菌）、バクテリアおよび化学のテロリズムをこの規定で取り締まることが可能とされた。

破壊的団体によるテロリズム――テロ行為とは「前述条項に規定されたテロ行為の一つが、一つ、または複数の事実によってその実行の準備が認められる組織グループ、またはテロ準備の合意形成に参加した事実である」と規定された（刑法第四二二条一項）。

破壊的活動団体をテロ犯罪の資格で告訴することは、一九九六年七月二十二日の法律によって初めて定められたものである。それまでは、犯罪計画への参加は、刑事訴訟法第七〇六条十六項で、違法の侵害として予審の対象とされてはいたが、テロの犯罪行為のなかに明確には含まれていなかった。

テロ行為への資金援助——このテロリズムは次のように規定されている。「テロのために現金、有価証券あるいは一定の不動産を、提供し、集め、あるいは管理することによって、またはこれらの現金、有価証券あるいは一定の不動産がテロの目的のために利用されるよう助言を与えることによって、または、結果発生にかかわらず、その一部あるいは全体が、前節で規定されたテロ行為の一つを実行するために、利用されることを知ったうえで、テロの企てに資金援助する行為」（刑法第四二一条二項二号）。この法は、二〇〇〇年一月十日、ニューヨークで調印されたテロ資金援助阻止のための国際協定の規定を、国内法に採り入れたものであり（刑事訴訟法第六八九条十項）、規定されているのは形式犯——その未遂も処罰対象となる——である。

資金の正当性を証明できない事実——刑法四二一条一項〜二項二までに規定された違反行為に関わった一人、または複数の人物と関係を有する者が、その生活に関わる費用の出所を証明できない場合は、その事実が処罰の対象となる。

（b）主観的要素

テロ犯罪行為は、その行為正犯によって追求された目的、つまり動機とイデオロギー的背景（コンテクスト）をそれ自体のなかに持つことによって成立する、という点において、新しい犯罪行為である。それゆえ立法者は、故意という伝統的要件に、犯罪行為の背景という要件を付け加えた。

故意——テロ犯罪行為は明らかに故意的犯罪行為である。テロ犯罪行為自体は故意に基づいているので（殺人、強窃盗、その他）、故意的犯罪行為ではないとは考えにくい。テロ犯罪行為に分類される個々の事実は、脅迫または恐怖によって、公秩序を著しく混乱させる目的をもつ、個人または集団の意図的企てであることから、立法者は、テロ行為の規定のなかに一般的な故意を明示するほうがよいと考え、条文（刑法第四二一条一項および二項）に「故意に」という副詞を挿入したのである。

この主観的要素は、それゆえに以下のように二分される。すなわち破毀院の判例基準に従えば、刑法に違反することを知りながら、犯罪行為を犯そうとする故意（一般故意すなわち刑事事件）、とテロリズムの動因となる特別の意欲、つまり、恐怖の状況と背景のなかで犯罪行為に着手しようとする意思の二つである。

テロ犯罪行為の構成――一九八六年九月九日の立法府により制定され、一九九六年七月二十二日の法律によって修正された刑事訴訟法第七〇六条十六項の規定によれば、テロ犯罪行為は、「脅迫または恐怖をもって公共秩序を著しく混乱させる目的をもつ、個人または集団による侵害」という犯罪構成および特異な動機を有している。

テロ犯罪行為は、二つの要素によって構成されている。

――公共秩序を著しく混乱させる目的をもつ個人または集団による侵害。ここではテロ行為のための準備と組織化という意図が問題となっており、任意の行為における一過性あるいは衝動性は除かれている。テロ行為のための準備という意図には二つのケースがありうる。第一は、たった一人の人間による行為（個人的侵害）の場合。この場合は、しばしば予謀（行為にでる前に形成された計画）と同じ意味となる。第二は、数人による行為（集団的侵害）。この場合は、組織化、つまり人的物的手段の結集を意味する。個人の行為は予謀的犯罪であるので、結局、組織化という概念が、このテロ行為の本質を示しているといえる。したがって、破毀院の判決[1]は、テロ行為とは「最小要件としての組織化」を備えた行為であると強調したのである。

（1）一九九五年十月十七日民法I、報告書、三六八号の一。

——脅迫または恐怖をもって公秩序を著しく混乱させる目的。すなわち、意図された侵害行為は、最大限の不安感を創出することによって、公秩序を著しい混乱に導くという特異な目標を有している。かくして行為者は、すでに着想された特異な意図、つまりテロ行為の動機に駆り立てられるのである。脅迫と恐怖の二つの概念は、実際上その区別は大変微妙であるわけだが、前者は身体に関わること、後者は精神に関わることを指し示すことになっている。

テロへの資金援助違法行為（刑法第四二一条二項二号）、破壊的団体の違法行為（刑法第四二二条一項）および正当性を証明できない資産所有（刑法四二一条二項三）に関しては、主観的要素は、状況ではなく、より伝統的な解釈に従って、正犯の意思によって定義されている。

B　テロ犯罪行為の禁圧——強化される罰則

テロ犯罪行為の禁圧は、罰則が強化される方向にあり、とくに科される刑罰について一九九六年七月十二日および二〇〇六年一月二十三日の法律でその罰則の上限が引き上げられている。一方犠牲者協会の活動の権利、補償および時効に関する諸規則もまた法の厳しさをよく示している。でこの法律は、改悛者にはその規則が緩和されている。

（a）法定刑

テロ犯罪行為は主刑の対象となるのみならず、予防目的として補充刑の対象ともなる。

主刑——普通法に由来する犯罪行為（刑法第四二一条一項）。

この犯罪行為には、普通法の犯罪行為——客観的な犯罪の事実(1)——として刑罰が科されるが、次のような周知の特例事項が定められている。すなわち科される拘禁刑は、一段レベルが引き上げられ、三〇年の重懲役が規定されている場合は終身の重懲役に、二〇年は三〇年に、一五年が二〇年に、一〇年は一五年に、七年は一〇年に、五年は七年に、三年以下の拘禁刑の場合には科刑年数が倍になる。このように、立法者は、客観的犯罪行為の罰則規定それ自体を強化すると同様に、法定刑の加重という法的手続きによっても罰則強化の方針をとっている。

（1）テロ犯罪行為で有罪判決を下された者は、刑務所または拘置所で懲役刑または禁固刑に服する。有罪判決を下された者は、必要があれば、安全上の理由で特別拘留者台帳（ＤＰＳ）に登録される（刑事訴訟法Ｄ二七六条一項）。

第四二一条一項によって規定されるあらゆる犯罪行為に対して、懲役刑や禁固刑以外の刑罰も科すことが可能である（罰金刑、権利の禁止または停止）。刑法第四二二条三項によっていくつかの補充刑を加重することも可能とされる。

保安期間は、重罪あるいは拘禁一〇年の軽罪などあらゆる犯罪行為に、またとくにテロ犯罪行為に適用される（刑法第四二一条三項、第四二一条六項および第一三二条二三項）。その目的は、少なくとも一〇年の執行猶予なしの拘禁刑に科せられた被拘禁者に、当該期間中の刑の個別化（仮釈放、半自由措置、刑の分割や停止、構外作業）に関するすべての措置を禁止することである。

環境テロリズム――は、重懲役二〇年と三五万ユーロの罰金という、特別の罰則規定が定められている（刑法四二一条二項および四項）。環境テロリズムは、その行為によって一人、または複数の死者が生じた場合、終身の重懲役刑と七五万ユーロの罰金刑を科される。刑法一三二条二三項で規定される保安期間が、当該犯罪行為に適用される。

破壊的団体によるテロリズム（刑法四二一条二項一）

破壊的団体によるテロリズムは、かつては拘禁一〇年の軽罪であったが、二〇〇六年一月二十三日制定の法律により、次のような場合は、二〇年の重懲役が科せられることになった（刑法四二一条六項）。すなわち、特定の集団が、死を招くおそれのある爆発物ないしは発火物によって、人あるいは複数の建物に対して一回または複数回のテロ行為を準備したとき、またはその謀議をはかったとき、あるいは刑法四二一条一項に規定された環境テロリズムを準備したとき、またはその謀議をはかったとき。

このような集団を指揮、または組織したという行為、あるいは謀議に関わったという行為は、三〇年の重懲役刑を科せられる。

テロ行為への資金援助――は、拘禁一〇年および二二万五〇〇〇ユーロの罰金を科せられる。

罰金刑と財産没収の執行は、テロ犯罪行為の容疑で審問に付された被告人の財産の保全処分（仮差押）を命じる権限をもつ裁判官によって保障されている（刑事訴訟法第七〇六条二四項の二）。正当性を証明できない資産所有は、拘禁七年および一〇万ユーロの罰金が科せられる。

テロ犯罪行為は、大半の犯罪行為に対して規定された古典的補充刑の対象となる。これらの刑罰は、一般的適用範囲の刑罰なのか、あるいは外国人だけが関わる刑罰なのかによって区別される。

刑法四二二条三項と四二二条五項は、テロ犯罪行為で有罪とされる自然人が言い渡される四種類の禁圧刑――裁量的性格をもつ――を規定している。これらの刑罰は、当該の犯罪行為に至らしめた情状を考慮することなく、ただ単に予防拘禁を意図している。以下の刑罰がこれにあたる。

――刑法第一三一条二六項により規定された、公民権、民事上の権利、および家族に関する権利の禁止。最も重い刑罰は重罪の場合で一五年にまでなり、軽罪の場合で一〇年になる。

――刑法第一三一条二七項によって規定された犯罪行為の場合、公務または職業的あるいは社会的活動の禁止。最も重い禁止は一〇年になる。

――刑法一三一条三一項によって規定された犯罪行為の場合、フランス国内の特定地域内での滞在禁止。最も重い禁止期間は、重罪の場合で一五年、軽罪の場合で一〇年になる。

――分割または未分割の財産、動産、不動産の全部、または一部の没収（刑法第四二二条六項）。

刑法第四二二条四項は、テロ犯罪行為で有罪と認められた外国人は、刑法第一三一条三〇項により規定された条件に当たる場合、無期または一〇年以下のフランス領土の滞在禁止を規定している。外国人が彼らの個人的事由、とりわけフランスとの特別な関係を理由に異議申し立てができるようになる例外規定はない[1]。

（1）外国人の入国・滞在法L五四一条一および刑法一三一条三〇項の庇護権を参照。

法人とテロリズム

刑法一二一条二項の規定に基づく法人の刑事責任は、機関あるいは法人の代表者が法人の利益のために犯した行為であることを想定している。テロリズムに関して法人の刑事責任の及ぶ範囲は、被告とされた大部分の団体が非合法であったり、法人格を欠いていたりするという理由で、非常に限定される。

（b）集団的附帯私訴[1]

テロリズムに関して、いくつかの団体はそれらが持つ集団的利益を法的に守るための資格を与えられている。この規定は、個人的かつ直接的被害者のみが民事上の当事者の権限を行使できるという古典的原則に反することではあるが、刑事訴訟法第二条九項は次のように規定している。すなわち「犯罪行為の発生日から数えて少なくとも五年前から、当該団体の定款によって、犯罪犠牲者を救済することを定期的に申し出ているすべての団体組織は、検察官つまり権利を侵された者の代表者によって提起される公訴に附帯して、第七〇六条一六項の適用範囲内の犯罪行為に関して、民事上の訴訟を起こすことができる」。

（1）犯罪によって被害を受けた者が公訴に添付して、その裁判所に提起する民事上の訴訟〔訳注〕。

したがって団体組織は、[1] 訴追の行使において検察官にとって代わることはできないが、テロ犯罪行為による被害者の集団的利益保護において重要な役割を果たしているのである。

（1）みずからが一九八三年十二月二十三日に起きたテロの犠牲者であるフランソワーズ・リュデスキー夫人によって一九八六年一月二十四日に設立された「ＳＯＳテロリズム」は、最も重要なテロ犠牲者協会である。

一九九九年、テロ犠牲者たちの連帯の強化とテロリズムとの戦いを目標に掲げて、テロ犠牲者協会国際連盟がアルジェに設立された。この組織は、国連に監視の役割を求めている。とりわけ、テロ行為に対する国際刑事裁判所の権限拡大を要請している。

（c）テロ犯罪行為から発生した損害の賠償

テロによって生まれた損害賠償の規則は、一九八六年九月九日施行の法律、および保険法のなかに法文化された多様な施行規則によって改正された。[1] それは、刑事訴訟法七〇六条三項から一四項で規定された犯罪行為による犠牲者補償の一般的規定とは異なる補償規定を定めている。しかし、これら二つの規則はいくつかの共通点をもっている（損害の全額補償の原則、単一の財源からの補償、テロ犯罪やその他の犯罪行為の被害者補償基金など）。[2] この基金は、財産保険契約に基づき天引きされる国民連帯出資金からの資金提供に加えて、テロ行為で有罪判決をうけた者に対して言い渡される罰金および財産没収からの資金にも基づいている（刑法第四二二条七項）。この規定は、原理において寛大であり、実際上有効に機能しているが、見方によっては、加害者と被害者を刑事上の制裁の場で直接対面——現代刑法の成立過程では避ける方向にすすんできたはずである——させるという理論的不都合さをも有している。

（1）保険法Lの一二六条一項、Lの一二六条二項、Lの四二二条一項から三項、Rの一二六条一項、Rの一二六条二項、Rの四二二条一項から八項。
（2）この規定は、二〇〇六年一月二十三日の法律により、フランス国内でテロの犠牲者となった外国籍の者にも等しく適用されることになった。

損害補償の総額の決定とその支払い手続きに関しては、補償基金機構が排他的権限を有する。さらに一九九〇年一月二十三日施行の法律（第二六条）は、テロ犯罪の被害者は、民間人の戦争犠牲者に適用される、戦争による傷痍および犠牲者年金法の規定に基づき、一九八二年一月一日にまで遡及して、手当てを支給される、と規定した。その結果、数々の優遇措置が認められた。すなわち、民間被害者年金の権利、無償介護を受ける権利、健康保険の支給を受ける権利、公的援助金を受ける権利などである。テロ犯罪の犠牲者保護規定は、一九八三年十一月二十四日ストラスブールで調印、一九九〇年六月一日に発行された、暴力的犯罪行為の被害者補償に関するヨーロッパ議定書のなかに明記されている。この保護規定は、身体的損害に関係するものである（全額補償）。物質的損害の補償については、保険法が適用される。

（d）改悛者の恩赦

司法当局に協力的なテロリストへの刑の免責軽減――刑法において、免責軽減は限定的である。すなわち、保安期間は、当然にも重罪、および量刑のあらゆる個別化を禁じる拘禁一〇年の刑が科せられる軽罪に適用される。たいていは国際政治上の理由で認められる大統領恩赦とは異なり、この免責軽減が認められるには、テロリストの改悛、およびテロによる被害をより小さく、あるいは避けるために警察、司法当局に協力すること、という必要な条件がついている。

これが「改悛者の恩赦」と呼ばれる規定であり、マフィアとの闘いのうえで効果のあったイタリア法から着想を得たものである。この規定は、改悛者に刑の免責や軽減を認めている。

刑の免責という規定は、新しいものでもテロ犯罪に特有のものでもなく、実は、いくつかの組織的犯罪に適用されている。すなわち国家の基本的利益を侵害する重罪および軽罪（第四二二条一項）、通貨偽造罪（第四四二条九項）、破壊的団体（第四五〇条二項）などにも適用される。テロリズムの場合、一定の犯罪行為だけでなく、テロと見なされるすべての犯罪行為をも含まれるので、免責規定の適用範囲はより広い。実際に刑法第四二二条一項は、「テロ犯罪の実行を計画した者は、これを行政あるいは司法当局に通報することによって、犯罪の実行の着手を妨げ、またその未遂犯罪に関与した他の犯罪者の身元確定を可能にさせた場合は、その者の刑は免責される」と規定している。

テロ犯罪は当然にも刑法第一一一条二項の意味での未遂罪の対象になる。したがって、テロ犯罪の刑の免責は、予備行為段階のみでは刑罰の対象とはならないとする学説とは関係がない。すなわち、実際には犯罪行為の実行の着手をもって、免責が効力をもつようになるのであるが、未遂に終わらせる必要性のゆえに、犯罪行為の着手前でも免責に効力が与えられるのである。

行為の通報は、実際的効果をもたらすはずである。なぜなら、計画された犯罪行為の未遂と、未遂行為に関与した、通報者以外の犯罪者の特定、この二つは結びついているからである。

刑の執行の軽減――この原則は刑法第四二二条二項に次のように記されている。「テロ行為の正犯または共犯に科せられた自由剝奪刑は、以下の場合、半分に減刑される。上記の者が行政あるいは司法の機関に通報することにより、犯罪計画を中止させ、あるいは犯罪行為が死亡者または不治の身体障害者を生じさせることを阻止した場合、またその未遂行為に関与した他の犯罪者の身元特定を可能にさせた場合、無期重懲役刑は、二〇年の懲役刑に減刑される」。

免責とは反対に、刑の軽減は、犯罪行為がすでに遂行されたか、また着手中の場合に関係する。刑の軽減は、遂行された犯罪行為の影響力を制限するために自発的改悛を増やすことを意図している。刑の免除はテロが実行されようとすることを予防することを意図し、減刑は実行されてしまったテロの損害を少なくすることを意図しているのである。このように免責と刑の軽減とは目的が逆ではあるが、法の意図は矛盾せず、かつ補完的である。すなわち刑の免責は着手された犯罪行為の実行を防止することを意図し、刑の軽減は遂行された犯罪行為の影響を小さくすることを意図している。

（e）時効——公訴権行使の期間と刑執行の期間の例外的延長

テロ犯罪行為は、公訴権の行使についても刑の執行についても、刑事訴訟法第七〇六条二六項に規定された麻薬取引犯罪と同じ条件で、普通法とは異なる例外的時効規定が適用される。普通法の規定では重罪でも公訴期間は一〇年と規定されているが、刑事訴訟法七〇六条二五項の一は、テロの重罪に対する公訴期間は三〇年、テロ行為を計画する破壊的団体への加担の軽罪に対する公訴期間は二〇年と規定している。

刑執行期間についても同様に、普通法では重罪は二〇年で、軽罪は一五年で時効が完成するが、テロの重罪に対して言い渡される時効は、刑が確定してから数えて三〇年で完成し、破壊的団体への加担の軽罪に対して言い渡される時効は、二〇年で完成する。このように、普通法での犯罪とは明確に区別しようとする立法者の意図が見てとれる。

C　訴訟手続きの特徴

テロ犯罪行為の訴訟に関しては、弁護権の保障という一般的原則が無視され、裁判の効率性が重視されたため、審問から裁判までの訴訟続きの全段階の法規定が、従来のまま――ごく一部の改正がなされたが――である。[1]

（1）二〇〇一年十一月十五日の「日常の安全に関する法」は、テロリズムに関する規定のなかで、インターネット空間が新しいテロリズムの武器となっており、このテロリズムは「情報やコミュニケーションの新しい技術の利用を土台にしている」と記している。また、この問題に関して、同じ法は、すべての犯罪行為――とくにテロ犯罪に関係する犯罪行為――に共通することであるが、次の二つの規定をさだめている。一つは、事実を明らかにするという目的で、とくにデジタル通信網の利用者を特定できる情報データの削除操作の、一年間の先延ばしを認めること（郵便通信法第三二条三項一）。二つめは、提起された訴訟に関して、司法官が、あらゆる専門家に、秘密文書（とりわけインターネット上で流された電子メール）の解析を命じることを認めること。

（a）訴追、予審および判決の中央集権化

訴訟手続きは、管轄地の特定化の原則（これは地域管轄権という伝統的な規則に抵触する）に従って行なわれる。[1] この例外的規則は、国外で起きたが、フランス法によって裁かれるテロ犯罪行為に対して適用される。

（1）刑法一一三条六項から一一三条一二項で規定された条件における刑法第一編第一部第三章二節による。

実際に管轄権に関しては、パリの裁判権と、地域管轄権の規則の適用によって管轄権を有する他の地域の裁判権とが競合するという、管轄権の競合原則が支配している。たとえば刑事訴訟法七〇六条一七項は、第七〇六条一六項の適用範囲に関わる犯罪行為の訴追、予審、裁判については、検事正、予審判事、軽罪裁判所、パリ重罪法院の管轄権は、刑事訴訟法第二節の第四三、五二、三八二、六六三条（これらは普通法の権限を規定している）の規定に基づく管轄権と競合しあう、と規定している。この競合の原則は、未成年者についても同じである。

この管轄権の競合原則は、訴追、予審、裁判の権限をパリに集中させることを可能にする（検事局テロ対策中央機関、特別予審判事、特別重罪法院）[1]。同様に、金融に関するテロ犯罪行為（マネーロンダリング、インサイダー取引、テロ行為への資金援助）は、二〇〇四年三月九日の法律によって創設された合同管区裁判所（JIRS）に配置された裁判官に任せられる。

（1）この点について、ダニエル・シュナイダーマンおよびローラン・グレイルサメールの著書『裁判官は語る』（参考文献【16】）のなかの、ミシェル・ジェオルル（二七九頁、二八〇頁）およびアラン・マルソー（三五八頁以下）による証言を参照。

中央集権化は、もっぱら二〇〇六年一月二十三日の法律によって、裁判権のパリへの集中が行なわれた。そして、それは刑事裁判の全体に及んでいる。すなわち、被告の拘留地あるいは住所がどこであろうとも、とりあえず当該地域の裁判官の意見を聞いたのち、実際にはパリ大審裁判所刑事裁判官、パリ大審裁判所刑事法廷およびパリ控訴院刑事部に、テロ犯罪の被告に判決をくだす権限が与えられている（刑事訴訟法七〇六条二二項一）。憲法評議会が、これを法の前の平等性の侵害だとして違憲判断をしたことはない[1]。

（1）委託裁判事務という枠での裁判管轄権地の変更は、一九九六年十二月三十日の法によってすでに行なわれていた。

こんにち、裁判の地域管轄権をめぐる争いはほとんどなくなったが、地域管轄権の競合原則と管轄権の中央集権化はさしせまった必要性であると言える。すなわち国内全域また外国にまで広まったこの現象に直面した司法権力は、明らかに中央集権化[1]に基づく特別の部局を管轄しなければならない。

（1）一九九六年七月十六日の憲法評議会。

（b）犯罪予防目的のための身分検査と車両検索権

刑事訴訟法第七八条二項の二は、司法警察官が、検事正による文書による請求に基づき、刑法第四二一条一項から五項で定められたテロ行為の捜査と訴追の目的のために、第六節七八条二項で規定された身分検査、と公道または公共の場所において走行、停車または駐車している車両に対する検索とを、一定の時間と場所に限り、実施できる旨、規定している。(1)

(1) 一九七一年六月十九日の法律第三条および一九三九年四月十八日の法令第二〇、三一、三二条で定められた武器爆発物等の犯罪捜査、刑法第二二二条三四項から三八項までで定められた麻薬取引に関する犯罪捜査にも、同じ規定が適用される。ここには、大規模な組織犯罪に対する、普通法の新しい側面がみえる。

さらに、二〇〇六年一月二十三日の法律は、国境と、国境を越えて国内に向かう二〇キロメートル内にある最初の停車駅とのあいだにある国際列車内において、司法警察官、司法警察職員ならびに司法警察職員補が、すべての者の身分検査をすることを認めている。また特別の列車区間においては、この停車駅と次の五〇キロメートル以内にある駅までのあいだでの検査をも認められている。(1)

(1) 高山直也「フランスのテロリズム対策」、『外国の立法』二二八号（二〇〇六年）、国立国会図書館調査立法考査局、一二一〜二。本論文は二〇〇六年一月のフランス・テロ対策法を紹介、分析したものである〔訳注〕。

（c） 警察留置の改正——拘束期間延長と弁護人との接見許可の先延ばし

普通法の場合、警察留置は二日までであるが、テロ犯罪行為に関して、成年の警察留置は最大六日間（一四四時間）まで認められている。その後、身柄拘束の延長は四八時間まで認められるだけでなく、二〇〇六年一月二十三日の法の立法者は、四八時間を過ぎたあとでも、フランス国内の、あるいは外国のテロ行為の危険性が迫っている場合、あるいは国際的協力がそれをぜひとも必要とした場合、二回の追加延長拘留——一回二四時間まで——を認めている（刑事訴訟法七〇六条八八項）。ただし、これは、予審被告人尋問のためか、明白な証拠、または裁判所からの共助依頼があったときに限られている。

このように、テロ事件に関する警察留置は、普通法とくらべて三倍も長く認められている（四八時間の代わりに六日間＝一四四時間）。この拘束時間の長さは、テロリズムの地下活動性、危険性、国際的ネットワークの結合などという特殊な性格によって正当化されている。事実、複雑な捜査（テロ組織の解明、自分の領土内で実行されるテロなど）をするためには捜査官は充分な時間を要する。

しかしながら、留置時間延長措置はそれほど容易に認められるものではなく、個人の自由の保障を前提としなければならない。実際に、留置時間延長は、検事正の請求に基づき、保釈・拘束判事[1]（予審被告人尋問のためか、現行犯であった場合）か、予審判事（司法共助の依頼に基づき）によって、決定される（刑事訴訟法第七〇六条二三条）。必要な場合は、最初の留置延長四八時間を経たのち、次の四八時間の留置延長は、予審判事が許可する。このことは、裁判官の司法上の独立を意味する。留置延長の場合、最初の二四時間が経過する前に、権限をもつ判事の前に、例外なく、留置延長請求をしなければならない。しかし、まだ調査が必要か、調査が継続中の場合、例外的に、四八時間を越えたのちの請求も可能である。延長後は、被留置者に、医療検査を受けさせねばならない。検査を行なう医師の指名は、検事、あるいは予審判事（司法共助に基づく被告人尋問が想定された場合）が行なうことになっている。

（1）パリ大審裁判所長官によって任命され、拘留者の延長や釈放などの命令権を有する。したがって、彼は警察捜査に関わる権限を有しているといえる〔訳注〕。

取調べがパリの検事によって行なわれる場合、留置場が本来の管轄の外に移される（頻繁ではないが）こともある。この場合、留置場の変更の権限は、パリ大審裁判所長官にそれを請求できるパリ検事正ということになる。担当の地方検事は、警察留置期間中の取調べ状況について、パリの検事に報告をしなければならない。

最近では、テロ事件については、拘留中の、弁護士の関与が制限の対象になる。弁護人は被告人と七二時間の拘束以後でないと接見できない（刑事訴訟法最終節第六三条四項）。

なおテロ犯罪での警察留置の場合、普通はビデオによる録画をとらない。

（d）同意をえない夜間の家宅捜索および差し押さえ――効率性の原則

これらの捜査方法の法規定では、普通法の二重の適用除外が認められている。それは、同意の欠如と夜間捜索を行なう可能性である。

同意なしの捜索――刑事訴訟法第七〇六条二四項――および第七六条の規定の適用除外――によると、七〇六条一六項の適用範囲に属する犯罪行為について、予備捜査を行なう必要がある場合、大審裁判所長官あるいはこれに指名された裁判官は、検事の要請により、家宅捜索、家宅訪問、証拠物件差し押さえを、その家の者の同意なしに行なう決定を下すことができる[1]。したがって、犯行の明白性がある場合や司法共助の要請に基づいて行なう場合と同様に、同意を必要とする普通法の原則の例外となる。ただし、警察留置の四八時間を超えての拘束と同様に、これらの捜索は、裁判官が、適法な手続きを踏むこと（捜査の対象となる犯罪行為が第七〇六条一六項の適用内にあるか否かの確認）および検察当局から要請のあった措置について状況的に妥当かどうか確認すること[2]、というように裁判官の介入という形により、捜索される者の権利が保障されている。その代わりに、検察当局とその指示のもとに配備された司法警察は迅速かつ内密に行動することもできる。

（1）予審の開始前に、警察または憲兵隊が、職権で、または検察官の請求により行なう捜査。高山（前掲論文）一三〇頁の注二〇。中村紘一ほか監訳『フランス法律用語辞典』三省堂、一九九六年、一二九頁〔訳注〕。

(2) 状況的な妥当性とは、たとえば証拠物件として押収すべき物があること、などである〔訳注〕。

夜間捜索——上述のさまざまな捜索活動は、現行犯と司法共助の依頼という条件のなかで、しかも「適用除外を一般化することは、個人の自由に対する過剰な侵害である」とした憲法院の判例の制限を受けつつも、時間外、すなわち午後九時から午前六時のあいだに行なうことが許されている。

現行犯では、夜間捜索は、大審裁判所長官、または長官によって任命された裁判官（必要な場合は、国内全土に権限を有するパリの裁判官）によって、検察の要請が妥当かどうかの状況判断をしたうえで、許可される。大審裁判所長官、または長官によって任命された裁判官は、とくに、夜間に捜索する必要性が絶対的かどうか、あるいは捜索を法定時間内の午前六時から午後九時の時間に延ばすことが可能かどうか、を判断する権限を与えられている。

大審裁判所長官によって与えられる令状には、特殊な性格がある。すなわち、その令状は、対象の特定された一つ、あるいは複数の捜索活動に関係し、かつそこには、検事が、その犯罪行為および関連する犯罪行為の罪科、捜査が行なわれる場所の住所、およびこれらの捜索活動の必要性を正当化する押収すべき証拠物件が、明記されなければならない。夜間捜査を許可した裁判官は現場において、捜査が法を遵守しているかどうかを監視できる。もし、これが刑事訴訟法第七〇六条一六項の適用範囲内の捜査や確認とは別の目的をもっている場合、その法的手続きは無効になる。特定の犯罪行為に関する家宅捜索中に、別の犯罪行為に関連する証拠物件が発見された場合、法定時間内であれば、——必要な場合は、現状のままに置いたあとに——、法手続きをし直したうえでこれを押収の対象とすることができる。

一九九六年十二月三十日の法に基づく司法共助の依頼規定は、現行犯の規定に類似しているとはいえ、それと少しだけ異なっている。すなわち、刑事訴訟法第七〇六条二四項一によると、急迫の事態にあり、かつ以下の三つの条件のうちの少なくとも一つを満たしている場合は、刑事訴訟法第七〇六条一六項に規定されたテロ犯罪行為（禁錮一〇年を科される重軽罪）の捜査や確認のために、法定時間外の立ち入り、家宅捜索、押収が可能となる。三つの条件とは、現行犯の重罪または軽罪にあたる場合、物的証拠湮滅のおそれがある場合、家宅捜索が執行される場所において、一人または複数の人物が新たにテロの準備をしていると推定される場合、の三つである。

正規の形式に従うならば、予審判事は以下の手続きを踏まねばならない——実際は遵守されることはほとんどないが——。すなわち、捜索の執行には、当該の一つまたは複数の犯罪行為の罪名や捜索が行なわれる場所の正確な住所が記載された令状の提示、法的根拠および許可を得ている旨を口頭で伝えることが義務づけられている。刑事訴訟法第七〇六条一六項の適用範囲に入るテロリズムの捜索や確認とは異なる目的のための捜索は許されないことになっているが、この規則はほとんど守られない。

このように、テロ犯罪に関しては、犯罪の明白性がある場合や予審が必要な場合は、麻薬取引や売春斡旋（刑事訴訟法第七〇六条八項および三五項）などの犯罪行為と同様に、夜間捜索を行なうことが可能である。

（e）特別重罪院によるテロ犯罪の裁判——民間陪審員の不在

テロ犯罪はこんにち、普通法の裁判所である特別重罪院において裁かれる。これは、とくに戦争中や内乱時に、テロあるいはテロと見なされた行為[1]、および国家の安全を脅かす行為を裁くために、伝統的に、特別裁判所に頼ってきたフランス法における重要な変化である。

（1）伝統的な特別裁判所には次のような歴史がある。
①フランス国家体制のもとで創設された特別裁判所。

・一九四一年八月十四日の法律（一九四一年八月二十三日公布）により設立された特別法廷は、自由地域では軍人によって構成され、ドイツ占領地域では文民司法官によって構成されていた。そして、その法廷は、「共産主義または無政府主義の活動」「社会や国家の転覆、および国家の安全を脅かすあらゆる重・軽犯罪を助長する目的をもって犯された刑事犯罪」（一九四二年十一月十八日の法律）、「レジスタンス活動を援助または助長するすべての行動」（一九四三年六月五日の法律）を遡及的に裁く権限を有している。
・「夜襲の正犯や、武器の所持罪」を裁くための一九四一年四月二十四日の法により設立された特別法廷。
・「秩序、国内の治安、公共の安寧、国際関係を乱す目的をもって、あるいは一般的に、フランス国民に害を与える目的をもって、教唆あるいは実行されたすべての行為の正犯、共同正犯、共犯」を裁くために一九四一年九月七日の法律によって設立された国家法廷。
・一九四四年一月二十日の法律によって創設され、「殺意を有するテロ犯罪により、現行犯で逮捕されたすべての者の自由を拘束する」権限を持つ軍法会議。
②アルジェリア戦争中に設立された特別裁判所。
・一九五六年、常設軍事裁判所は、国家の基本的利益に反する犯罪行為を調査するための権限を与えられた。一九六一年四月の軍事クーデタ（アルジェリア独立を承認する意向を示したド・ゴール政府に対し、それに反対するシャル将軍らが起こしたクーデタ。すぐに鎮圧された）が鎮圧されたのち、一九六二年四月八日の国民投票が実施され、その結果、フランス共和国大統領は行政命令によって法律を制定する権限を与えられた。その資格において、軍事高等裁判所および軍法会議が創設された（しかし、軍法会議は、その法手続きとあらゆる不服申し立てが排除されていることが刑法の一般原則に反する、としてコンセイユ・デタ（国務院）によって無効とされた。コンセイユ・デタ、カナル、ロバン、ゴド、一九六二年十月十九日、『ルボン判例集』、五五二頁）。
③一九六三年一月十五日の法律によって設立された国家公安法院〔訳注〕。

現在ではこういった特別法廷はほとんど廃止されたが、唯一、その名残が戦時においては、国家の基本的利益に反する重軽罪は軍事法廷によって裁かれる、という規定のなかにみられる（刑事訴訟法第七〇一条）。

立法府は、重罪に対する通常裁判所の性格を問題にしなかったにもかかわらず、現実的対応という理由から、テロおよびテロと密接な関わりのある重軽罪の裁判における、構成メンバーと裁判機能について法の適用除外を導入した。それが民間陪審員の不在である（刑事訴訟法第七〇六条二五項）[1]。重罪院には、裁判所所長に加えて、六人の陪席裁判官がいるが、すべてが職業上の裁判官である。こうした構成メンバーにしたのは、民間陪審員に対するあらゆる復讐の威嚇や脅迫を予測してのことである。重罪院の改革は、テロ組織である「アクシオン・ディレクト」のメンバー、レジス・シェイルシェルがパリ重罪院の陪審員たちに対して与えた深刻な脅迫という事態を受けて、一九八六年に行なわれた。陪臣員に職業裁判官を任命するということは、十六歳の少年犯罪に関わる重罪院にまで拡大された[2]。ベルトルト・ブレヒト風[3]に言い換えると、あるいは彼以上に過激な言い方をすると、本当にそうすることができるならば、われわれは次のように言うことができる。「国民が恐怖心を抱いたら、その国民を消し去らねばならない。」

（1）この独特の方法は、フランス法においては例外的というわけでもない。すなわち、国防の秘密や軍事犯罪や麻薬取引に関する犯罪の裁判でも、同じ裁判方法が採用されている。この法案はすでに言及した重大な組織犯罪にも関係しており、一つの法典が生まれたといえる。

（2）二〇〇六年一月二十三日の法律。

（3）「国民が過ちを犯しているときは、国民を変えなければならない」。ベルトルト・ブレヒト（一八九八〜一九五六年）はドイツの劇作家、詩人。共産党に入党し、ナチス時代はデンマーク、ソ連、アメリカなどで亡命生活を送った。戯曲『三文オペラ』、『肝っ玉おっかあとその子どもたち』の代表作がある。

第三五九条（被告人に不利な判決）、第三六〇条（提起された各問題についての陪審員それぞれの意見表明）、および第三六二条（最重禁固刑言い渡し）の各規定の適用のためには、単純過半数ではなく、票決によって、八票以上で、かつ過半数の獲得が必要である。

特別重罪法廷の判決は、普通法に従って、同じく職業裁判官のみで構成――八人で構成――された他の控訴院に、控訴できることになっている（刑事訴訟法第六九八条六項）。従来の犯罪の控訴審で、陪審員数が増えたのと同様に、立法府は特別重罪院の控訴審でも裁判官数を増やした。人数の増えた集団合議制により、公正な裁判が保証される、と考えられている。

D 犯罪人引渡し――障壁と変遷

犯罪人引渡しとは、他国の請求を受けた国家が、自国の領土内にいる犯罪人を、請求した他国に引き渡す手続きのことである。引渡し請求をした国家がその犯罪人を裁判し、判決を下すことになる。訴訟、とりわけテロ犯罪に関する訴訟を容易にする目的をもって、犯罪人引渡しに関する相互協力協定が以前から結ばれてきた。すなわち、通常、ストラスブール協定と呼ばれる、テロ撲滅のためのヨーロッパ協定は、一九七七年一月二十七日に締結され、フランスでも一九八七年十二月二十二日以降適用されている。

この協定の内容は、シェンゲン協定[1]を締結している諸国において尊重されている。

（1）ヨーロッパ各国における共通の出入国管理と国境システムの取り決め。一九八五年六月十四日、ルクセンブルグの小さな町シェンゲンでベルギー、フランス、ドイツ、ルクセンブルグ、およびオランダの五カ国が調印、現在は二八カ国が加盟している。加盟国間の移動に関しては基本的にパスポート・コントロールが廃止された〔訳注〕。

一九九三年二月七日に締結、同年十一月一日に発効されたマーストリヒト条約に基づき成立したヨーロッパ連合についての条約は、ヨーロッパ建設の「第三の柱」たる司法・内政（ＪＡＩ）[1]の領域での各国間の協力原則を記している。刑事事件（Ｋ一条七項）などいくつかの司法分野で協調した政策をとることが、共通の利益であるとされている。そこから、二つの協定が出された。第一は、一九九五年三月十日に調印されたＥＵ国家間での犯罪人引渡しの簡素化に関する協定で、これは犯罪人が引き渡しに同意している場合に適用される。第二は、一九九六年九月二十七日ダブリンで調印された、一般的な犯罪人引渡し条約である。

（1）第一の柱が通貨統合、第二の柱が外交・安全保障の共通政策〔訳注〕。

テロ事件における犯罪人引渡しの実行に関して、伝統的に二つの困難が存在する。

――第一は、罪刑法定の相反性である。すなわち、一九九六年九月二十七日調印の「ＥＵ国家間犯罪人引渡し協定」は、引き渡し請求の理由となる犯罪行為が、引渡し請求を受けた国家の法においては、当該の犯罪重罪もしくは軽罪の構成要件を満たしていないが、引渡しを請求した国家の法において犯罪人が関わる共謀団や犯罪者組織がとくにテロ行為と見なされうる一つあるいは複数の犯罪行為を遂行する目的をもち、犯罪の構成要件を満たす場合は、犯罪人引渡しは拒否できる（第三条一項）、と規定している。

――第二は政治テロである。すなわち、政治犯罪の場合、犯罪人引渡しは、伝統的に除外を原則としている。[1]

（1）国務院（コンセイユ・デタ）は、その犯罪の重大さを考えるならば、政治的動機だけでテロ行為を政治的犯罪と見なすことはできない、という新しい判決を下した（一九七八年七月七日、クラウス・クロワッサンの判決）。

したがって、問題はそのテロ犯罪が政治的テロと認められるかどうかである。ストラスブール協定は、テロ行為を、政治的犯罪の範疇から除外することで、この難しい問題を解決した（第一条）。この原則は、一九九六年九月二十七日の「ＥＵ国家間犯罪人引渡し協定」（第五条二項）によっても追認されている。

しかし政治的犯罪とテロリズムの峻別という課題は未解決のままであり、その困難を克服するために、ＥＵ閣僚理事会[1]は、フランスの定義を参考にして、ＥＵ内で共通のテロリズムの定義を採択した。すなわち、テロリズムとは、「人びとに多大な恐怖を与え、公権力や国際組織がある行為を実行または実行することを不当に妨げ、あるいは、国家または国際組織の政治的、立憲政体的、経済的、社会的基本構造を著しく破壊または不安定化させる目的をもって」犯されるさまざまな不正行為（人命の侵害、誘拐、人質の奪取、航空機ハイジャックなど）である。

（1）二〇〇一年十二月十四日および十五日に行なわれたレーケンのEU閣僚会議。決議は制裁のレベルにまで高め、当該の国の人間がEU内の別の国内で犯した犯罪についても、当該の国家の権限を行使できるようにした〔訳注〕。

犯罪人引渡しの手続きは、こんにち、法的処置、とくにテロ事件に対する法的処罰という点では法規どおりには適用されていない[1]。というのも、犯罪人引渡し要求は、政府間で成立するものであるからである。したがって、その手続きは長時間を要し、複雑化するのは避けがたい。しかし、EU内での犯罪人引渡し手続きは、二〇〇四年一月からヨーロッパ逮捕状によって行なわれるようになり、犯罪人引き渡し手続きに伴う政治的交渉は不要になった[2]。

（1）犯罪人引渡しの法的処置の不適用と機能不全ゆえに、国外に逃亡したテロリストをフランスで裁くことを可能にするには、次のような迂回的解釈が必要とされた。すなわち、元大佐アルグードは、OAS（アルジェリア戦争末期のフランス人テロ組織）での活動に関して国家公安法廷で裁かれるために、ドイツからフランスに引き渡された。破毀院は、「国外亡命者に対してなされる公訴は、フランスへの自発的帰国であろうが、あるいは犯罪人引渡し手続きによる帰国であろうが、執行されうる」という考えに基づき、アルグードを公判にかけることを有効と認めた（破毀院、一九六四年六月四日）。このような法的処置は、一八〇四年エンギエン公の誘拐事件にまでさかのぼる。すなわち、エンギエン公は、ナポレオンによってカドゥーダルとの陰謀の嫌疑をかけられ、バドで帝国軍兵士によって誘拐され、その後まもなく死刑に処せられた。より最近の事例では、一九八〇年代、スペイン当局は、バスクのテロリスト裁判において、国境への連行、そして国外追放するという法的処分を認める判決をくだした。

（2）二〇〇一年十二月十四日および十五日に開かれたレーケン閣僚理事会での合意。すなわち、逮捕状とともに、犯罪人引渡し請求を受けた国家の裁判官は、引渡し動機を検討する。犯罪行為がリストに記された三二の犯罪（テロはその一つ）に当てはまり、引渡し請求国において有罪に処せられる可能性があるならば、裁判官は罪刑法定の相反性を認めず、引渡しに応じる。もしこれらの条件の一つでも欠けているならば、裁判官は二重の刑罰が加えられる可能性があるとして、引渡しを拒否する〔訳注〕。

2　広義のテロ対策法

刑事事件に関する斬新かつ大胆な理解は、その法規定の目的が第一義的にテロリズムを罰することではなくても、間接的にはさまざまな次元で、それをテロ罰則規定として読み替えることを可能にし、さらに適切なテロ対策法として適用されうる。

A　テロ犯罪を取り巻くその他の犯罪行為

ここでは、テロリズムそれ自体ではないが、制裁の対象となる、いくつかの犯罪行為を述べる。

——テロ活動を行なうことができる組織の構築や、こういった組織への参加。すなわち、組織の構築、戦闘グループへの参加（刑法第四一三条一三項～二二項および一九三六年一月十日の法律）。

——他人の財産や生命への侵害。すなわち、建造物の破壊および破損、他人に対する重大な傷害であって、それらが、爆発物を使用した、組織団体による犯行の場合（刑法第三二二条六項）。あるいは、計画性を有する故意の強迫（たとえばウイルスのような物質が入っている封筒の送付）。

——テロの強迫観念を抱かせること。すなわち、テロに関する誤った情報を故意に流すことによって恐怖心を煽ること。この罪は以下の二つの条文によって罰せられる。

・一般的状況において

建造物の破壊および破損、他人に対する重大な傷害がこれから起こる、あるいはすでに起こったということを信じさせる目的をもって、誤った情報を伝える行為、あるいは漏らす行為（刑法第三二二条一四項）。

・航空機および船舶での事件

航空機または船舶の安全を故意に危うくするため、誤った情報を伝える行為（刑法第二二四条八項）。

――テロ犯罪の教唆と擁護（一八八一年七月二十九日の法律第二四条）。すなわち、人を教唆してテロ行為を実行させる行為（共犯の一種としての教唆）またテロ行為を称賛、賛美する行為（犯罪擁護）。

B　集団テロリズム――ジェノサイド、人道に対する罪、戦争犯罪

いくつかのテロ行為は、人道に対する罪、または戦争犯罪と見なされることがある。

刑法第二一一条一項は次のように定義する。ジェノサイド（集団殺害罪）とは、「国民的、民族的、人種的、宗教的集団、あるいは他の範疇の集団のすべて、あるいは一部を、その集団構成員に逆らって、以下の行為の内の一つを実行する、あるいは実行させる行為である。

――人を故意に殺すこと。

――重大な肉体的又は精神的な危害を加えること。

――集団の全部又は一部の破壊を意図し、生来の存在条件を強制的に変えさせること。

――集団内の出生を妨げることを意図する措置をとること。

――子供を強制移住させること。[1]」

（1）これとほぼ同じ内容の規定が『集団殺害罪の防止および処罰に関する条約（ジェノサイド条約）』第二条に定義されている〔訳注〕。

人道に対するその他の罪としては、刑法第二一二条一項で「政治的、思想的、民族的、宗教的動機によって引き起こされ、また市民の集団の利益に反した計画の実行のために組織された抑留、奴隷的状態

に追い込むこと、略式処刑・失踪を伴う誘拐・拷問・非人道的行為の大規模で系統だった実行」（刑法第二一二条二項）と規定されている。これらの罪が「戦時中」に行なわれた場合の罰則については、刑法第二一二条二項に規定されている。

一九四四年八月二十八日の法令（オルドナンス）で定義された戦争犯罪は、戦争中における重大な人権侵害行為と規定している（謀殺、毒殺、不法監禁、その他）。

人類に対するこうした重大な犯罪行為は、その状況や影響力から、また国家間の戦争あるいは内戦という状況下で起こった場合は、テロリズムと同じ犯罪行為として罰せられる。

人道に対する罪と戦争犯罪は、重罪院において、国内法によって裁かれる。これらの犯罪行為は、国際的枠組みで裁かれるときには、特別の裁判所の権限に委ねられる。[1] すなわち、それは、一九九八年にローマで開催された外交会議により、常設の国際司法機関を設立する規程（ローマ規程）が採択された。こうして設立されたのが国際刑事裁判所である。国際刑事裁判所は、戦時中に起こったテロ犯罪について裁判を行なうことができるとされている。[2] 事実、国際刑事裁判所は、ジェノサイド、人道に対する罪、戦争犯罪、侵略の罪について、管轄権を有する（国際刑事裁判所規約第五、六、七、八条）。

（1）国際刑事裁判所は、一九九一年一月一日以来、旧ユーゴスラビアの領土で犯された重大な国際法違反について権限を有する。また、一九九四年一月一日から十二月三十一日までのあいだに実行されたルワンダでのジェノサイドについても権限を有する。

（2）アントニオ・カッセズは、二〇〇一年十月二十一日付『リベラシオン』紙のなかで「ビン・ラーディンについては国際訴訟が必要だ」と述べている。

Ⅱ　行政法、民法の補足的援用

フランス法では、テロ対策の法的手段として最優先の権限を有する刑法以外に、あまり知られてはいないが有効な、行政法と民法を活用する手段を認めている。これらの規定は、テロ犯罪を防止するだけでなく、かつそれを処罰する意図をもっている。

1　予防策――情報措置、資産凍結、拒否政策

A　予防措置、情報対策、ビデオによる監視、捜査

（a）航空機および船舶におけるテロの予防策

航空機内や船舶内で行なわれるテロ犯罪行為を予防するために、司法警察員およびその命令と責任のもとで動く司法警察官と司法警察補佐官は、飛行場の一般立ち入り禁止区域内や港湾地域およびその付属の土地・建物内にある荷物、商品、積み荷、郵便物、航空機、船舶、車両、あるいは侵入する人物、の点検を行なうことができる[1]。

（1）民間航空機法第L二八二条八項および日常の安全に関する二〇〇一年十一月十五日の法律に由来する海港法第三二三条五項。

（b）ビデオによる監視

ビデオ撮影の利用は、とくに、公権力の捜査を助け、テロ犯罪行為を防止するため、であり、また法

人の建物や施設のすぐ近くの地を防御するためである。というのも、法人の建物や施設は、テロ行為を受けやすい場所、またテロ行為を受けやすい公共の場所や建物のなかにあるからである。とくに宗教施設はテロ対象になりやすい。

（c）情報対策

とくにテロ行為の予防と取り締まりを任務とする警察・憲兵隊テロ対策特務員と防衛省情報局諜報員[1]は、主要な資料カード、たとえば、全国車両登録ファイル、運転免許証全国管理ファイル、国民身分証明書管理ファイル、パスポート管理ファイル、フランスに居住する外国人証明書類管理情報、外国人の入国滞在書類などを、閲覧できる。

（1）対外安全総務部、軍事情報部、防衛安全部の三つからなる。

（d）治安上の目的のための電話傍受

テロ犯罪の予防を理由に、電話通信の秘密の行政的侵害が合法とされる。すなわち、電信電話による通話の秘密に関する一九九一年七月十三日の法律の最後の規定文（第三部第三条以下）によれば、首相に、内務大臣、防衛大臣、経済金融大臣の書面による提案に基づき、更新可能な四カ月間、治安上の目的から傍受を例外的に認める理由の一つがテロ予防である。

B　資産凍結

テロ活動の予防は、二〇〇六年一月二十三日の法律により、テロリストの資産の差し押さえ措置をとることができるようになった。対象となるのは、現金、金融証書類、およびテロ行為を犯した、あるいは犯そうとしている自然人、あるいは法人の所有である金融機関によって保有される資産である。凍結は、更新可能の六カ月の期間で、経済省大臣の政令によって決定される（通貨金融法L五六四条一項～六項）。

C　帰化の否認

テロ活動を理由に、フランス国籍の授与を拒否することは、法的に認められる。というのも、フランス国籍は、民法第二一条二三項に規定された道徳性の条件下で付与されるからである。すなわち、「生活・品行の善良でない者、あるいは、現行刑法第二一条二七項に規定された禁止条項に該当する者は、いかなる者であれ、帰化を認められない」。

いかなる条文にも規定されていない「善良な生活・品行」という資格において、テロリスト集団、あるいはテロリスト集団と関係をもつ運動――たとえばドイツの赤軍派（RAF）、スペイン・バスク地方の「バスク祖国と自由」（ETA）、イタリアの「赤い旅団」――に加わっているという事実だけで、フランス国籍は認められないことになる。

とくに国家の基本的利益の侵害やテロ行為によって重軽罪の有罪判決を受けた者、および執行猶予なしの禁錮六カ月に相当する刑の有罪判決を受けた者は、フランス国籍の取得が難しい。

結婚や、自己の志望による外国籍取得という理由でフランス国籍を失った者が、届出や政令によってフランス国籍を再取得しようとする場合も、同じく上記の有罪判決を受けていると取得は困難である。

D　入国拒否

行政当局は、テロ活動の疑いのある外国人が国内に入ることを拒否する権限をもつ。

フランス入国のためのビザ発給は、以下の異なる二つの法規則に基づいて決められる。

――普通法の規定

外国人入国滞在法L二一一条一項は、「フランスに入国するすべての外国人は、国際協定および有効な法規則に基づいて発給された書類および入国査証を所有していなければならない」としている。

行政当局は、申請された入国査証を発行する場合、その外国人が偽装移民でないことをとくに確認することによって、入国査証の発給が妥当かどうかを決定する大きな自由裁量権を有している。入国査証は、「当事者の行動が公共の秩序を乱す」と判断された場合も、行政当局によって剝奪される。ただし「緊急事態や例外的状況の場合を除いて、また公共の秩序や国際関係の考慮の必要性がある場合を除いて」、剝奪の法的理由が説明され、訴訟の審理を行なわねばならない。

入国査証が不正に発行されている場合、とくにその名義人が「指名手配中（FPR）である、あるいはシェンゲン情報システム（SIS）に登録されている（一九九五年三月二十三日内務省通達）などの理由で、フランス入国を禁じられている場合、その入国査証は国境の入国管理局によって無効とされる。

――一九九〇年六月十九日のシェンゲン協定の規約

この規約に準拠して、フランスの法は「EU非加盟国出身の外国人が、三カ月を超えない期間、フランスに滞在する場合、入国許可は、必要な書類や入国査証に加えて、当該の者が入国不許可者として通報されていないこと、またEU加盟国のうちの一国の公共の秩序、国内の治安、あるいは国際関係を危険にさらすことがないと見なされること、という事実に基づいて与えられる。」と定めている。

行政当局はまた、必要書類を携帯している外国人であっても、「公共の秩序の脅威となる者、入国を禁止されている者、または国外追放の対象とされている者」の入国を拒否することができる。これら三条件のうち、「公共の秩序の脅威となる者」という条件は、より広い解釈ができるように、非常に一般的な言葉で定義されている。

E　難民認定からの除外

ジュネーブ協定（難民の地位に関する条約）第一条（一九五一年七月二十八日採択）において、難民は「人種、宗教、国籍もしくは特定の社会的集団の構成員であること、または政治的意見を理由に迫害を受けるおそれがあるという充分に理由のある恐怖を有するために、国籍国の外にいる者であって、その国籍国の保護を受けることができないもの、またはそのような恐怖を有するためにその国籍国の保護を受けることを望まないもの」と定義されている。また同協定は、難民の地位を与えられた者は、認定国の庇護（居住する権利、市民権、そしてとりわけ経済的権利）を受けられることも規定している。一九四六年のフランス憲法前文（第四条）では、難民とは「自由のための行動を理由に迫害されたすべての者」と定義している。

他方で、ジュネーブ協定第一条Fは、平和に対する犯罪、人道に対する犯罪、国際連合の目的および原則に反する行為などの重大な犯罪を行なった者は難民として認定されない、と規定している。この規定によって、テロ犯罪の実行者は難民認定から除外されるが、テロ組織の単なる共鳴者たちは除外の対象ではない(1)。

(1) 難民認定法廷は、アルジェリアのFISのなかでも、テロ犯罪に直接に加担した者とそうでない者とを区別した。この点については、フランソワ・ジュリアン＝ラフェリエールの「基本法」シリーズの『外国人法』（参考文献【17】）を参照〔訳注〕。

F 領土内での庇護権の拒否

国家の排他的権力を示す、領土内での庇護権は、外国人入国滞在および庇護権法で定められている。領土内での被庇護権を求める者は、自国において生命や自由が脅かされ、欧州人権保護条約第三条の意味での、拷問、非人道的な、もしくは品位を傷つける取り扱いを受けていることを証明しなければならない。庇護権は、OFPRA（フランス難民および無国籍者保護局）(1)またはCRR（難民訴訟委員会）(2)によって審査されたのち、内務大臣によって、居住する権利と労働する権利を有する被庇護権を与えられる。テロ行為も、庇護権拒否の理由になりうる。事実、外国人の存在が公共の秩序、治安および国家の安全に対する重大な脅威となる場合、庇護権は拒否されうる。

（1） Office français de protection des réfugiés et apatrides. 一九五二年七月二十五日の法によって設立されたフランス難民認定機関。外務省の管轄下に置かれ、法人格を有する〔訳注〕。

（2） Commission des recours des réfugiés. ＯＦＰＲＡと同じく、一九五二年七月二十五日の法で設立された難民専門の不服申し立て審査機関であり、かつ特別行政裁判所〔訳注〕。

2　抑止措置——排除政策

A　フランス国籍の剥奪

民法第二五条二－一には、さまざまなフランス国籍剥奪要因のなかの一つとして、「テロ行為を構成する重罪あるいは軽罪のゆえに有罪判決を受けること」という規定が入っている。この法的措置は、行政当局（内務大臣、司法大臣または外務大臣など、政令（デクレ）執行の責任を持つ担当大臣の副署を得た首相）が、国務院の同意を得て、国務院の法令を発布することによって、執行される。この措置は、当事者のテロ行為が、フランス国籍取得日から数えて一五年以内に行なわれた場合に限り、講じられ、またこの措置は、テロ行為遂行日から数えて一五年以内に限り、講じられる（民法第二五条一項）。憲法院[1]は、こういった行政制裁の原則は、生まれながらのフランス人と帰化したフランス人の置かれた状況が違うということを鑑みるならば､両者の法の前での平等という原則に反していないし、また「テロ行為の特有な重大性」を考慮するならば、フランス人権宣言第八条[2]に規定された罪刑法定主義の原則にも反していない、と判断をした。

(1) 一九九六年七月十六日、憲法院。

(2) フランス革命中の一七八九年に国民議会が議決した「人と市民の権利の宣言」。前文と全一七条からなる。第八条は「法律は、厳格かつ明白に必要な刑罰でなければ定めてはならない。何人も、犯行に先立って設定され、公布され、かつ、適法に適用された法律によらなければ処罰されない」と規定している〔樋口陽一/吉田善明編『改訂版 解説世界憲法集』三省堂〕〔訳注〕。

憲法院は、ここで、市民の置かれた状況の差異による、異なる平等性に関する古典的法解釈を持ちだすことによって、法解釈に矛盾のないことを説明しようとしているのであり、また、テロリズムという非常に重大な犯罪行為の特異性を強調することによって、法の現実的適用を示そうとしているのである。

B 結社、戦闘集団および私兵の規制

この規制に関する法的措置は民法による措置と行政法による措置の両方からなる。

——民法による措置

結社の自由を謳った一九〇一年七月一日の法律は、違法な意図あるいは目的に基づいて設立され、法や良俗に反する結社の無効を定めている。

——行政法による措置

戦闘集団や民兵の解散は、一九三六年一月十日の法律(一九八六年九月九日改正)に準拠して、行政的措置によって行なわれる。すなわち、解散は、閣議において、大統領令〔デクレ〕によって言い渡される。その効力は、フランスまたは外国でテロ行為を実行する目的をもって陰謀に従事する、フランス領土内のすべての結社と集団に及ぶ[1]。

(1) 一九九五年九月八日、国務院。JCP、一九九五、Ⅳ二三六三。

C 出国命令

出国命令の行政措置は、行政当局に、国内法の点でも国際法の点でも、不法な滞在状況にある外国人をフランス国内から出国させる権限を認めている（シェンゲン協定。外国人入国滞在および庇護権法L五一一条一項）。

このような措置により、行政当局は、国内におけるテロ謀議の疑いのある個人を、場合によればあらゆる法手続きを無視して、国外退去させることができる。

D　強制退去

強制退去は行政措置として、公共の秩序を理由に、外国人の退去を命じることである。強制退去措置は、外国人入国滞在法L五二一条一項「当該外国人のフランス領土内での存在が、フランスにおける公共の秩序にとって重大な脅威となる場合」という規定に基づいて命じられる。別な言い方をすれば、「国家の安全あるいは治安にとって、強制退去処分をとらなければならない絶対的必要性」（L五二一条二項）、または「テロ行為への関与」（L五二一条三項）のある場合を除いて、外国人のフランスとの関係それ自体によってはこのような措置がとられることはない、ということである。

すなわち、強制退去措置は、法的処分なのではなく、「もっぱら公共の秩序と安全を守るための警察処分[1]」なのである。したがって、強制退去措置は、法律の非遡及性原則には従わず、強制退去の条件を改正する条文が効力を発する以前の事実にも適用される。

(1) 国務院、一九八八年一月二十日、エルフェンツィに対する内務大臣の論告。クリスティアン・ヴィグルーからの引用。

すでに言及したEUの枠組みでの国際法のほかに、主として国連の枠組みでの国際法が以下の一三の条約・協定にまとめられている。

——航空機について

航空機の安全に関する諸条約、国際民間航空機関（ICAO）の総会が下記のように開催され、それぞれ採択、協定が締結された。

- 一九六三年、ICAOの東京総会で採択された協定
- 一九七〇年、ハーグ総会で採択された協定
- 一九七一年、モントリオール総会で採択された協定
- 空港の安全に関する協定（一九八八年のロンドンの会議で採択された議定書）

——船舶について

- 一九八八年の国際海事機関（IOM）によるシージャック防止条約
- 一九八八年の大陸棚プラットホーム不法作為防止議定書(1)

（1）海底の石油や天然ガス採掘のために大陸棚に固定するプラットフォーム（巨大な掘削櫓）の破壊や不法奪取等の犯罪防止と、犯人の処罰、引渡し等の規定が定められた〔訳注〕。

——特別の条約

- 一九七三年の国際的に保護される身分の者（施設）に対する犯罪防止処罰条約(1)
- 一九七九年の人質行為防止条約
- 一九八八年の爆弾テロ防止条約

（1）元首、政府の長、外務大臣等、国際的に保護される者およびその公的施設等に対する一定の行為を犯罪とみなし、その犯人を処罰、引渡し等の規定を定めたもの〔訳注〕。

——特別分野に関する協定

・一九八〇年の核物質防護条約[1]

・一九九一年の国際民間航空機関（ＩＣＡＯ）が定めたプラスティック爆弾探知条約

・核テロリズム廃絶協定

（1）国際原子力機関（ＩＡＥＡ）が、国際輸送中の核物質について防護の措置を義務づけ、また核物質の窃盗等の行為を犯罪とみなし、その犯人の処罰、引渡し等を定めた〔訳注〕。

——金融分野

・二〇〇〇年一月十日のテロ資金供与防止条約

おわりに

「極度に緊張した」テロリズムの時代に直面し、いかなる国もその恐ろしい攻撃から免れることはできない。せいぜい、情報と国際的協力だけが、テロの危険を小さくすることだろう。テロリズムはつねに新しい変化をしており、われわれがすべきことは、政治やマスコミの報道に惑わされることなく、冷静にこの現象を分析することである。

補論一 テロリズムについての誤った解釈

「堕落した権力は、彼らの敵からけっして容赦されることはない。」

シャトーブリアン

「テロは、その首謀者の見込みをはるかに超えた効力を発揮することが多々ある。それは、方向性よりも、歴史のリズム──その流れを速めたり、遅らせたりすることによって──により大きな影響を及ぼす。」

エルンスト・ユンガー(1)

1 テロリズムは陰謀の仕業か？(2)

冷戦期、テロリズムは抽象的かつ、そのすべてが同じ範疇のものとして理解されていて、「見識ある情報分析者たち」は、それは、ＫＧＢ(3)を有するソビエトを先頭にした共産主義諸国家の諜報機関による裏工作の産物である、と説明していた。

（1）エルンスト・ユンガー『時代の渡し守の物語』（フレデリック・トワルニキとの対談録）参考文献【18】参照。

(2)「陰謀の企ては、これをたくらむ者にとっては、つねに「存在の証」のようなものである。彼らは、数日間、緊急対策の使命を与えられている、とみずからを信じ込ませることによって、ほんの一時、集団で彼らの虚無から脱出するのだ。その意味で、これは彼らの「慰め」でもある。」(フィリップ・ミュレー『歴史の後に』、参考文献【19】参照)。

(3) 旧ソビエト連邦の国家保安委員会。一九五四年〜ソ連崩壊の一九九一年まで存続した諜報機関、秘密警察。現在はロシア連邦保安庁に組織替えされている〔訳注〕。

ところが、共産主義の崩壊後も、テロリズムが一向に静まらない現実は「あること」を裏付けている――すべてのテロリズムを共産主義の工作だと決め付けた説明の背後には、悪名高い「赤い糸」は白い糸で縫い合わされていた、と説明するような見え透いた意図が隠れていたことを――。こんにちではその解釈は単純すぎるように思われるが、当時は強い支持を得ていた解釈だったのだ。陰謀説は、使わずにはいられない切り札の力を発揮する。陰謀説にしてしまえば、わかりやすくて人びとは落ち着けるが、複雑では不安で、疲れてしまうからである。

一方、陰謀説は、そのなかに常に一片の真実がある、という事実を説得力の根拠としている。共産主義諸国の諜報機関に保護され、容認され、ときには資金提供まで受けたテロリストなど数えきれないほどいるのである。だからといって、「タミル・イーラム解放の虎」(LTTE)や「バスク祖国と自由」(ETA)がソ連時代のKGBによって組織されたわけでもない。つまり、(組織を)道具として利用したからといって、(その組織を)創設したことを意味しないし、ましてや統制していることを意味してもいない。隠れた神、つまり「影の指揮者」の登場に事態のけりを求めようとする志向の根は、よく知られたこの怠惰な精神――これは現象の新しさも、意外性も、複雑さもけっして明らかにすることにはならない――にある。

共産主義の陰謀説と並んで、ときに極右陰謀説も流されることがあった。これについては、パリのコペルニック通りにあるシナゴーグに対するテロ（一九八〇年十月）後すぐに、勝手に犯人ときめつけた非難が極右に向けられたことを思いだせばよいだろう。(1)

（1）このテロは、その後パレスチナ組織「パレスチナ解放人民戦線特別司令部派（PFLP-Special Command）」によるものと判明した。この組織はＰＦＬＰのハッダード・ワッディ派の流れを汲むグループで、とくにヨーロッパで活動していた。

テロに対するこのような考え方は依然消えてはいない。陰謀説の顔が共産主義からイスラーム原理主義（イスラミズム）に変わっただけである。たとえば、オクラホマシティーでのテロ事件（一九九五年）(1)では、事件後すぐに、イスラーム過激派の仕業との情報が流れ、犯人は、自分が義勇兵であると思い込んだアメリカ人だったと判明するまで、情けないことに、「情報分析者たち」はそう主張しつづけたのである。こうして一九九〇年代は、イラン・イスラーム共和国が国際テロリズムの「影の指揮者」役――なかば公式の役――を果たすことになったのである。

（1）一九九五年四月十九日、アメリカ合衆国オクラホマシティーの連邦政府ビルで発生した爆破テロ事件。子ども一九人を含む一六八人が死亡。犯人がアメリカ人（ティモシー・マクベイ）であったことはアメリカ中に衝撃を与えた。犯人には死刑の判決がくだり、二〇〇一年六月十一日、薬物による刑が執行されたが、その模様がＴＶ中継されたことも大きな話題になった〔訳注〕。

2　テロリズムは、無駄な武器なのか？

歴史の無知のせいなのか、あるいは儀礼的言い方のためなのか、テロリズムは意味のない行為だとよく主張される。まったくの間違いだ。テロは歴史の姿まで変化させてしまうのだ――影響が少ない場合でも歴史のリズムが変わり、最悪の場合はその方向性さえ変えられてしまう。

「暴君殺したち」は「余人をもっては代えがたい人物」を殺すことだけで、すでに意味のある仕事を達成しているのである。歴史が不確実で予測しがたいということを主張しているわけでもなく、また個人の役割を過大に評価しようとしているわけでもないが、人間が歴史を作り、人間の内のある者の決定的瞬間での死が情勢の推移を根本から変えてきたことも疑いようのない事実であるからだ。エジプトやイスラエルの歴史が、アンワル・サダト大統領の暗殺[1]（一九八一年）やイツハク・ラビン首相の暗殺[2]（一九九五年）によって著しく変えられてしまったことは明らかだ。スペインでの提督ルイス・カレロ・ブランコ首相殺害（一九七三年）[3]やイタリアでのアルド・モロの殺害（一九七八年）[4]も同様である。もし、アドルフ・ヒトラーが同盟国側やドイツ国防軍によって暗殺されていたら、ドイツの運命は変わっていたはずである、という主張を誰が否定できるだろうか？　われわれは望み通りにいくらでも例をあげることができる。アブラハム・リンカーン、ジョン・ケネディーなど。

（1）元エジプト大統領。在位一九七〇～八一年。一九七七年イスラエルへの劇的訪問を実行し、七八年キャンプ・デービッドでエジプト・イスラエルの和平合意、七九年和平条約を締結にこぎつけた。しかし、和平に反対するイスラーム急進派のジハード団、イスラーム団により八一年暗殺された〔訳注〕。
（2）一九二二～九五年。イスラエルの政治家。パレスチナのインティファーダに衝撃を受け、アラブとの和平交渉を推進、一九九三年オスロ合意、九四年ヨルダンとの和平協定に調印。九五年イスラエルの右翼青年に暗殺される〔訳注〕。
（3）一九〇三～七三年。フランコの片腕として活躍。一九七三年六月首相に就任したが、同年十二月「バスク祖国と自由」のメンバーによりマドリードで爆殺〔訳注〕。
（4）一九一六～七八年。イタリアの政治家。一九七八年三月十六日、ローマの自宅にいたところを「赤い旅団」メンバーに誘拐され、五月九日、ローマ市内の車中で遺体となって発見〔訳注〕。

いわゆる解放戦争、あるいは脱植民地化戦争は、巧みなテロという戦術が、武力の不平等を平等にし、ついにはアンバランスが覆される典型的な例である。通常の軍事力だけを比較すれば、勝敗は戦いの前に明らかなのである。しかしテロリズムは、ときには政治戦略を通じて、またときにはメディアを利用して、植民地支配者の力を疲弊させることに成功した。こんにちでは忘れ去られてしまったが、その最初の例が両大戦間期につかの間の独立国家を樹立したクロアチアのウスタシャ(1)であろう。それに続いて、イギリスが最も苦しい困難に直面しなければならなかった。イーモン・ド・ヴァレラやマイケル・コリンズによって組織されたアイルランド共和国軍（ＩＲＡ）は、イギリス本土での戦闘をもためらわず、三年間テロを繰り返したあとに、イギリスから独立を勝ち取った（一九二一年休戦、二二年アイルランド自由国）。パレスチナでは、ユダヤ人の民兵組織（ハガナー、イルグン・ツバイ・ライミ、シュテルン・グループなど）(2)による流血の戦いを経て、同じような結果がもたらされた（一九四八年）。キプロスでは一九五五年、独立へ導いたゲオルギオス・グリヴァスによるキプロス闘争民族組織（ＥＯＫＡ）の組織化とともに、力関係を大きく変えた(3)（一九六〇年）。

（1）第一次大戦後、ユーゴスラビア王国内に誕生したクロアチア人のファシズム思想の影響を受けた民族主義団体。セルビア人主体の政府関係者へのテロを繰り返し、ムッソリーニやヒトラーの援助を受けて、一九四一年クロアチア独立国（元首パベリッチ）を建国したが、四五年崩壊〔訳注〕。

（2）ハガナーはパレスチナのユダヤ人入植地の自警団として組織。敵対するアラブ人に対しては容赦ない攻撃をし、第二次大戦後は反英テロ闘争をも担い、独立後にイスラエル国防軍に編入され、また極右グループの中核を形成。イルグン・ツバイ・ライミはその分派。シュテルン・グループも同じ民兵組織の一つ。シュテルンはリーダー、アブラハム・シュテルンの名にちなむ〔訳注〕。

（3）イギリスからの独立を求めるギリシア系住民がゲオルギオス・グリヴァス大佐によって一九五五年組織化、武装闘争を展開し、独立への道を切り開いた〔訳注〕。

アルジェリアでは、民族解放戦線（ＦＬＮ）の「特別組織（ＯＳ）」（秘密の武装組織）がまずアルジェリア民族運動（ＭＮＡ）（ＦＬＮへの合流を拒否したメサーリー派）を排斥したが、その後、民族解放軍（ＡＬＮ）（Ｆ

LNの軍事組織）がフランス軍によって壊滅状態に追いこまれると、FLNはアルジェリの諸都市――首都アルジェを含む――を血まみれの戦いへと巻き込んでいく。かくて、一九六二年の独立へと導いていく。実際は、FLNのテロ戦略はフランス治安軍によって殲滅させられた〔この戦いは映画『アルジェの戦い』で有名〕。ところが、テロの効果は逆に現われた。世論の批判は、テロに対してよりも、むしろフランスの反テロ対策の手段（拷問など）に向かったからであり、そしてメディアや政治は、テロリスト殲滅に名を借りた残虐な方法を厳しく批難をしたからである。[1]

パレスチナ解放機構（PLO）は、凄惨な武装闘争を進めることによって、世論の注目を集め、国際的な地位を高める戦術をとっている。それは、まさしく「宣伝テロリズム」とも呼ぶべき手段である。すなわち、一九六九年、ヤセル・アラファトはPLO代表に選出されると、五年に及ぶテロ闘争を展開、そして一九七四年十一月十三日、国連総会で国家指導者（PLOは国連でオブザーバー資格を与えられた）として演説を行なうことが認められた。

反フランコの戦いで栄光に包まれた「バスク祖国と自由」（ETA）によるテロ闘争（一九六九～七五年）によって、一九七五年スペイン・バスク地方は、ヨーロッパで最も大きな自治権を勝ち取った。この先例に力を得た「バスク祖国と自由」は、自治へと導いたテロ戦術が独立への最後の扉を開けるということを確信して、こんにちでも同じ戦術をとっている。アイルランド共和国軍（IRA）は、「聖金曜日協定」[1]（一九九八年）の合意以来、勝利への道を歩んでいるようにみえる。

（1）補論二を参照。

（1）一九九八年四月十日、アイルランドとイギリスのあいだで結ばれた和平合意。南北アイルランドのそれぞれの住民自決とする合意に達した。聖金曜日とはこの日が復活祭の前々日の金曜日にあたっていたことによる。ベルファスト合意とも言う〔訳注〕。

コルシカの「民族主義勢力」も、これに似た成果を得た。一九七五年以降の激しい武装闘争により、特別の地位承認（コルシカ州議会の設置承認）（一九八二年）、経済自由地域の設置[1]（一九五五年）、「マティニョン合意[2]」（二〇〇〇年夏）などが達成された。闘争がさらに数十年続けられれば、独立にいたることも論理的にはありうる話だ。

（1）コルシカへの投資、コルシカにおける関税優遇策など〔訳注〕。
（2）ジョスパン首相によってコルシカ問題の平和的解決のために自治権拡大（州議会に立法権を付与する案など）を承認する案。マティニョンはパリの首相官邸の名〔訳注〕。

シリアとイランというテロリスト「支援者」からの政治的メッセージの形をとったベイルートにおけるテロ事件（一九八三年）、すなわちフランス軍司令部宿舎での爆弾テロ（ドラッカールで死者五八人）とアメリカ海兵隊宿舎での爆弾テロ（死者二四一人）を受けて、フランスとアメリカはレバノンから撤退した。それ以来、フランスはこのメッセージを理解し、レバノンへの軽率な介入を二度とすることはなかった。

今や、テロリズムによって「解放された」、あるいは聖域化された地域は数えきれない。コロンビアは、コロンビア革命武装勢力（FARC）に対し、国土の多くの地域で譲歩せざるをえなくなった。「タミル・イーラム解放の虎」（LTTE）は、スリランカの三分の一を支配下に置いている。アルジェリア政府は、GIAによる一九九〇年代のテロの恐怖からは脱したとはいえ、「イスラーム・マグリブ諸国のアル・カーイダ組織」を名乗る新たなテロ活動に悩まされている[1]。

（1）この部分の文章は原文にはないが、現状をより正確に説明するために著者の意図を変えない範囲で訳者が補った。この組織は、二〇〇七年九月、地方都市バトナで大統領を迎える市民のなかでの自爆テロ、同年十二月アルジェにおける国連機関の入っているビルでのテロ、およびモーリタニアでのフランス人旅行者四人の殺害など、一般市民を標的にし始めている。ただし、アル・カーイダとの関係は不明〔訳注〕。

スペインのバスク・テロ組織「バスク祖国と自由」に対抗するため、スペイン政府が支援する形（公式には否定）で組織されたGAL（「対テロリスト解放グループ」）は、一九八三年から八七年のあいだにフランスに逃げこんでいた「バスク祖国と自由」のメンバー二七人を殺害した。フランスは、フランスに隠れ潜むバスク人テロリストを寛大に扱っていたが、それに対するスペインの不満を理解し、彼らの受け入れ政策を大幅に変更した。以後、フランス・スペインの協力関係はこの種の問題解決の手本となっている。GALは、そのテロ対策上の効果の点からも、また政治的意義の点からも、冷戦時代の最も有効な対テロ対策であった。

パレスチナのイスラーム原理主義組織ハマス[1]はPLOファタハの和平路線を否定し、あくまでもイスラエルの排除とパレスチナ・イスラーム国家の樹立をめざして、武装闘争を展開した。一九九六年二月から三月のあいだにイスラエル内において、一連の自爆テロ攻撃を行ない、五八人の死者を出し、選挙では労働党を敗北に追い込み、代わってベンヤミン・ネタニヤフ政権[2]を誕生させた。しかし、その結果、ハマスが主役として登場する舞台がととのえられたのである。

（1）一九八七年、ムスリム同胞団の戦闘組織として誕生。指導者はアフマド・ヤースィーン〔訳注〕。
（2）右派政党リクードの党首。テロ攻撃に対しては、断固たる処置がイスラエルの安定につながるとして強硬政策をとった。在位一九九六〜九九年〔訳注〕。

UCK[1]（コソボ解放戦線）は、一九九六年以降、セルビア人権力を失敗に追い込むため、テロ作戦を開始した。UCKは、コソボでのテロをますます激化させると、思惑通りに、セルビア人権力のアルバニア人に対する狂気の弾圧が始まり、やがて国際世論はセルビア人を非難するようになった。かくて一九九九年、NATO軍はアルバニア人を救済すべく、ユーゴスラビアに対し七〇日間にわたって空爆を行ない、コソボは事実上の自治を獲得した。ところで、UCKのテロ政策は、コソボの完全な民族浄化というもう一つの目的をもっていたが、コソボ自治州に住んでいたセルビア人がアルバニア人の復讐を恐れてユーゴスラビアに脱出した（難民として流入）ので、この目的もほぼ実現された。この成功にならい、UCK、UCPMB（プレシェボ・メドジャ・ブヤノバツ解放軍）、AKSH（アルバニア民族軍）などを語る集団が、二〇〇〇年以来、セルビア南部やマケドニアで同じテロ戦略を展開している。このように、偉大なアルバニアは、テロリズムの賜物として誕生したのである。それは、要するにUCKという秘密マフィアたちが望んでいた犯罪国家アルバニアなのである。

（1）セルビア人が支配権力を握るユーゴスラビア連邦にあって、アルバニア人が多数、居住するコソボ自治州は独立が認められなかったので、一九九六年コソボ共和国の建設をめざすUCKが武装闘争を開始した〔訳注〕。

3 「テロリストとは交渉しない」──真実か虚偽か？

精神異常者や千年王国主義集団による行動は別にして、テロリズムは何よりも「交渉を前提とした犯罪」である。テロリズムは事前合意の対象とはならないが、その政治的性格が、しばしば関係者を、犯行前後、また犯行中に、対話、ときには妥協、あるいは恐喝まがいの裏取引へと向かわせる。「テロリストとは交渉しない」というのは、非常に軽率な断言だ。すべての者が交渉をするのである──金銭、要求承認、特赦、恩赦、国内での活動容認、解放、平和的解決などのために。そのうえ、一九八一年から八二年のフランスの場合のように、テロリストとの交渉はほとんど公式の政治として行なわれる。実際、フランスやイスラエルのような国々は、伝統的に対テロ闘争を「柔軟かつ実利主義的に」進めるという考え方をもっている。他方、アングロ・サクソン系の国々はより厳格な対応を見せる。フランス政府は、国内で逮捕されたテロリストを裁判にかけたり、他国政府に引き渡したりするよりも、彼らを希望の国に送還したり、国外追放したりすることを好んできた。たとえば、フルヤ・ユタカ(1)（一九七四年）、アブー・ダーウード(2)（一九七五年）、ヴィッケン・チャクチアン(3)（一九八二年）、アフマド・ターヘリとモシェン・シャリーフ・エスファハーニー(4)（一九九三年）、アニス・ナッカーシュ(5)（一九九〇年）などの事例が挙げられる。

（1）フルヤ・ユタカは偽名で漢字表記は未確認。彼は、テルアビブ・ロッド空港でのテロ（岡本公三や奥平剛士ら日本赤軍メンバーが一九七二年五月三十日、空港で銃を乱射し、二八名を殺害、八五名を負傷させた）に関与した疑いで、オルリー空港（フランス）で不審尋問後、逮捕された。ラミレス・サンチェス（別名カルロス）は、フルヤの解放要求のためにハーグ・フランス大使館職員を人質に取った。犯人との交渉の過程で、フランス政府は犯人に譲歩し、フルヤ・ユタカの身柄を厳重な監視下にハーグ空港に送還、待機させ、交渉を続けた。その後、カルロスがドラッグストア・サンジェルマン（サンジェルマン通りにあるカフェをかねた食料品・雑貨販売の店）に手榴弾を投げ込み、死者二名、負傷者三名を出した。かくてカルロスは交渉に勝ち、フルヤ・ユタカと人質犯たちは要求通りにフランスの航空機で中東に出発した。

（2）アブー・ダーウードは、ミュンヘン・オリンピックでのイスラエル人選手を狙ったテロ（一九七二年九月五日、テロ組織「黒い九月」は西ドイツのミュンヘンでイスラエル選手団宿舎を襲撃し、同選手団二人を射殺、九人を人質にとった）の組織メンバーの一人であると嫌疑をかけられた。ドイツおよびイスラエルからの引き渡し要求があったにもかかわらず、フランス到着後数日して、彼はフランスからの自由な出国を許された。この「アブー・ダーウード判決」は、ずっとのちになって（一九九〇年）、アニス・ナッカーシュ釈放のためにイランによって引き合いに出されることになる。

（3）一九八二年夏、フランス政府は、アルメニア秘密解放軍（ASALA）（トルコ、欧米を拠点にしたアルメニア人過激派組織。トルコ領内の旧アルメニア領の分離、独立を要求）によるテロの脅迫を受けて、同組織の兵士でアメリカ在住のヴィッケン・チャクチアンを、内密にキプロスへ追放した。しかし、アメリカ司法当局は、ロサンゼルスでのカナダ航空に対する爆破テロ事件（一九八二年五月三十日）の容疑で、この男の引渡しを要求していた。

（4）イラン秘密諜報部員であるアフマド・ターヘリとモシェン・シャリーフ・エスファハーニーは、反体制派のイラン人暗殺のためにパリに滞在していたところを尋問、逮捕された（一九九二年十一月）。アフマド・ターヘリは、他にも反体制派カーゼム・ラジャビ殺害の件でスイス司法当局から指名手配中であった。しかし、アフマドはスイスに引き渡されることなく、エスファハーニーとともにイランへ「退去」させられた。

（5）アニス・ナッカーシュは一九四八年生まれのレバノン人。一九七〇年代はパレスチナ闘争に参加、その後ホメイニに接近し、ホメイニの命を受けて王制時代の前首相バシール・バフティヤール暗殺を試みたが、失敗、その罪でフランスにおいて無期懲役刑に処せられた。フランスとイランとの裏交渉により、一九九〇年七月釈放。なお、バシール・バフティヤールは、結局その一年後の一九九一年八月、イラン秘密諜報部員によって暗殺された。

また、「フランス人テロリスト」に対しては、国会が特赦を与えることがある。ジャン・マルク・ルイアンと数十人のコルシカ人テロリスト（一九八一、八二、八九年）がその例である。こういった柔軟な処置は、行政・立法府による独占的権限だと思われがちだが、そうではない。司法機関も同様の柔軟な対応をとれるのである。たとえば、ヴァルジャン・ガルビジアン[1]は、地方裁判所によって、アルメニアへの即時追放という条件付きで、釈放された（二〇〇一年）。司法機関は、配慮を示すための手段をいくらでも持っている。すなわち、予審での特別の免訴、公判における寛大な論告、公判での収監状なしの有罪判決などがある。

（1）ASALAによって送り込まれ、オルリー空港でのテロを実行した責任者とされる（一九八三年七月）。このテロで八人死亡、五六人が負傷した。

コルシカ島知事クロード・エリニャックの暗殺（一九九八年二月六日）は、テロリズムが交渉を前提とした犯罪であることをわかりやすく残忍な形で示した例といえよう。すなわちテロリストは国家権力を交渉の場に引きずり出し、譲歩を勝ち取る（二〇〇〇年夏シチリアの自治権拡大を認めるマティニョン協定が結ばれた）には知事を殺せばよかったからである。コルシカ問題の犯罪に関しては、一九七六年以降コルシカ人の武装闘争の持続と国家権力の寛大な措置（たとえば、特赦を与えたり[1]、直接交渉をしたり、あるいはそれ以上の譲歩も[2]）との密接な相関関係には、ただ驚かされるばかりだ。実際に上述の知事暗殺の犯人は二〇〇六年二月二十一日、無罪釈放となった。

（1）一九八一年、八二年、八九年の大統領の特赦により、二〇〇人以上のコルシカ民族主義者が釈放された。そのうち、一九八二年に特赦を与えられた者は、殺人に関わったテロリストたちである。

（2）ジャン＝ミシェル・ロッシとフランソワ・サントーニによる著作『結局のところ』（参考文献【20】）は、コルシカに関する「対話」政策の悪行を生きいきと描写している。

それと反対に、フランスのバスク地方では、国家による厳しい弾圧とバスク民族主義のテロリズムの鎮静化とのあいだに強い関係がある。

ある種のテロ行為は、テロ行為それ自体のなかに対話の動機を内包している。すなわち、問答無用で犠牲者を殺してしまう場合を除く、誘拐や人質略取というテロである。より一般的にいえば、交渉はテロを回避したり、中断させたりする意図をもって行なわれる。どこの国も、テロが避けえないのであれば、テロは他の場所で起こって欲しいと期待して、国内を聖域化しようと試みる。たとえば、コルシカにおける場合のように、あるいはアクシオン・ディレクトとの交渉の場合のように、テロを止めさせることが不確かであっても、交渉を行なおうとする。あるいは、暗殺容疑者たちの受け入れ国の立場に配慮しつつ、彼らを飛行機に乗せて出国させる、などの方法がとられる。

交渉が始まるや、テロ行為を許容し、寛大に扱おうとする雰囲気が生まれる。このフランス的でラテン的な対テロ闘争の考え方は、「打ち倒せ、妥協はするな」つまり「徹底した非寛容」という方針を好むアングロ・サクソン系の国々を困惑させることになる。だからといって、アングロ・サクソン系の国々の戦略に非の打ちどころがないというわけでもない。[1] したがって、こうした国々のなかには、裏取引や互いの顔を立てる、という腹黒い政治を直接、間接に行なう交渉（フランス・ラテン型交渉）よりも、より難しい戦略を求められることもある。

（1）多くの例外を許容せざるをえない原則である。たとえば、一九八五年六月一日、ヒズボッラー（レバノンで反イスラエル闘争を展開するシーア派集団）がベイルート上空を飛行中のＴＷＡ航空機をハイジャックしたとき、アメリカのレーガン大統領は、取引に応じ、アメリカ人の乗客三九人を救出するために、イスラエルに捕虜となっていた同派活動家七七六人を解放した。

4　鎮圧――実質的なのか、うわべだけなのか？

メディアの情報操作はよく知られているところだが、これによりわれわれはテロリズムが徹底的かつ体系的に鎮圧されている印象を抱く。ところが、実際のところテロリズムはほとんど制裁を受けていないのだ。それには大きく二つの理由がある。第一は政治的理由である。テロリズムは政治と結びつきやすく、そのためにしばしば取引や寛大な措置がとられるためである。第二はテクニカルな理由である。テロリズムは、しばしば犯人の特定および逮捕が困難である――とくに犯行が自国領土から離れた場所で行なわれたときにそうである――ためである。見事なテロ鎮圧劇の裏には、処罰を免れたテロ犯罪が山ほどある。このような状況は、世界のどこでも同じである――アメリカでも、ましてやフランスでも――。フランスにおいてはコルシカ島やバスクや極左のテロ犯罪、あるいは国際テロリストのテロ犯罪の大部分は、公式には処罰されていない。その内のいくつかの犯罪、とくに重大な犯罪について、裁判に関するいかなる情報公開もされていない。たとえば、ルイ・ドゥラマール仏大使殺害[1]（一九八一年）、ティベヒリンの修道僧殺害[2]（一九九六年）、フィリピンのジョロ（ホロ）島での誘拐人質事件[3]（二〇〇〇年）、イラクにおけるフランス人人質事件[4]（二〇〇五年）などが挙げられる。

（1）レバノンでのフランスの政策による過度の干渉に憤ったシリア当局が仕組んだ。
（2）アルジェリアの首都アルジェから南西七〇キロメートル、メデア近くの山中ティベヒリン修道院の七人のフランス人修道僧が、一九九六年三月GIA（武装イスラーム集団）によって誘拐され、その後殺害された。アルジェリア治安部隊が、メデア市内から出た道路上で、ビニール袋に入れられた七人の首を発見した。
（3）二〇〇〇年四月、フィリピン南部スルー諸島のジョロ（ホロ）島で、アブー・サヤフ一派（イスラーム的主張を掲げた山賊）によって、フランス人やドイツ人など二〇名以上の観光客が誘拐された事件。交渉は長引いたが、取引が成立し、多くは釈放されたが、数名は殺害された。
（4）クリスチアン・シェスノ、ジョルジュ・マルブリューノ、フローレンス・オブナの三人のジャーナリストが人質となった。

選挙活動のまっただなかにあったジスカール・デスタン大統領に対する爆弾テロが、けっして解明されることがなかったということを、誰が覚えているというのか[1]。一九九〇年代にアルジェリアで吹き荒れたテロリズムも、その犯行の責任を追及する声はほとんど聞こえない。パキスタン、ソマリア、イラク、コロンビア、スリランカなど、テロリズムが混沌と無秩序の政治・社会状況にまで達しているところでは、テロの処罰などいっそう不可能と言えよう。

（1）この件に関しては、二〇〇一年五月十日の『ル・モンド』紙上に掲載された、疑問と謎に満ちたインタビュー記事を参照。ジャン＝ミシェル・ロッシ、フランソワ・サントーニ（前掲書）によれば、FLNC（コルシカ民族解放戦線）が犯行声明を出した。

5　西洋はテロの唯一の標的である。――事実か妄想か？

民主主義国家や西洋世界だけがテロの標的となる、と考えるのは間違いである。木（二〇〇一年九月十一日の米国同時多発テロ）が、森（南＝途上国におけるテロによる名もなき犠牲者たち）を隠すことはありえない。統計的に厳密な視点から見れば、第三世界こそテロの最大の犠牲者なのである。西洋のメディアや情報分析者たちの自民族中心主義が、この重大な分析の誤りの原因となっている。彼らは、カラチ、グロズヌイ（チェチェン共和国）、メデア（アルジェリア）、コロンボ、メデジン（コロンビア）で生活するより、パリやワシントンに暮らすほうがよりすばらしい、と説明する。しかし、貧困国の犠牲者たちは、富裕国の犠牲者とくらべて、国際的なメディアへのアクセスに恵まれていないし、また世界の同情を集めることもできない。この誤解を無害で危険のないものと考えるなら、それは大間違いである。なぜなら、それは、われわれを、現代世界の善悪二元論の考え方へと導くからである。

6　対テロ闘争――新しい課題か古い課題か？

治安問題――ときには解決策――については、過去からの連続性があると言える。すなわち、十九世紀末から二十世紀初頭にかけての無政府主義テロリズムの波は、こんにちでは忘れられているが、まさに今日的な重要問題を、すでに浮かび上がらせていた。すなわち、対テロ闘争によって提起される問題の一つの側面は、実は「対策の繰り返し」ということである。それぞれの時代で、人びとは初めての事態に直面したと思い込み、それゆえ、新時代を切り開いたと感じるが、錯覚なのである。

十九世紀末の無政府主義テロリズムの出現とともに、人びとは、この新たな現象と戦うためにまず法的手段について激論を交わした。無政府主義者の結社を処罰する規定を盛り込んだ一八九三年の法律は、

「基本的人権」の尊重をめぐって激しい論争を巻き起こした。無政府主義者や社会主義者たちは「極悪法」[1]だと言って攻撃した。ところで、一九八六年、一九九五年、そして二〇〇一年に、フランスが新しいテロに立ち向かうためにテロ対策法をあらたに制定するときにも、同じ議論が起こったのである。

（1）一八九三年〜九四年にかけて無政府主義者や社会主義者の活動を弾圧するために制定された一連の法は、彼らから「極悪法」と呼ばれた〔訳注〕。

同じように、十九世紀末のイギリスはカルボナリ党員[1]、続いてヨーロッパの無政府主義者たちの、結集地であるとともに避難所ともなった。彼らはそこで安全に居住する権利を得、表現の自由を広く認められ、テロ行為を訴えられても、結局無罪となった。その後、一世紀も経たないうちに、同じ議論が持ち上がった。今度は、ロンドンが世界中のイスラーム主義（原理主義）の一拠点（ロンドニスタンの形成[2]）を非難されたのである。イギリス政府は、無政府主義からイスラーム主義へと対象を変えたが、テロリストに「好意」を寄せつづけた。かくて、一九九五年夏、パリの地下鉄テロ事件の首謀者ラシード・ラムダ[3]はロンドンに亡命し、フランス政府による犯人渡し要求にもかかわらず、それを拒否するイギリス政府の好意のおかげで今（二〇〇一年）も楽々と生活ができるのだ[4]。

（1）イタリアに活動拠点のあった秘密結社。カルボナリとは炭焼き人の意味〔訳注〕。
（2）スタンはウルドゥー語で「土地」を意味し、ロンドンがパキスタンのように「イスラームの土地」になったことを意味する造語〔訳注〕。
（3）一九七〇年アルジェリア生まれ。アルジェリアのイスラーム過激派集団GIA（武装イスラーム集団）のヨーロッパにおける資金調達・情報部リーダー。一九九五年パリの地下鉄爆弾テロ（八人死亡、二〇〇人負傷）の首謀者〔訳注〕。
（4）二〇〇五年七月のロンドン地下鉄テロ事件後（五六人死亡、七〇〇人以上負傷）、イギリスは従来のテロリスト保護政策を改めざるをえなくなった。その結果、ラシード・ラムダも同年十二月フランス政府に引き渡され、二〇〇七年十月二十六日、パリ重罪院で終身刑の判決を受けた〔訳注〕。

補論二

フランスにおけるテロリズムの歴史

フランスの歴史は、暴君殺しに事欠かない。[1] とはいえ、現代テロリズムはフランス革命により国家によるテロという格好で初めて姿を現わし、その後サン・ニケーズ通りのテロ事件とともに、「反抗のテロリズム」が生まれた。それからというもの、フランスだけでなく、ヨーロッパ全体が何回かの激しいテロリズムの時代を体験してきた。第一期は十九世紀なかばのカルボナリ党、第二期は十九世紀末から二十世紀初めにかけての無政府主義者、第三期は一九三〇年代のバルカン地域におけるテロリズム、第四期はアルジェリア戦争とともに始まるフランスに特有のテロリズム、最後に第五期は一九六〇年代末以降から現われる変幻自在のテロリズムである。

(1) ジョルジュ・ミノワの前掲書、同じくジャン・リゴタール『ナポレオンのパリ警察』(参考文献【21】)。

テロリズムの原点、サン・ニケーズ通り

一八〇〇年十二月二十四日、ナポレオン・ボナパルトはハイドンの「天地創造」の初演を聴きにオペラへ向かった。第一統領たるナポレオンの馬車がサン・ニケーズ通りを抜けたとき、激しい爆発音が響きわたった。火薬と散弾の入った樽が爆発、八人が死亡し、二八人が負傷した。だがナポレオンは難を

免れた。[1]このテロには、テロリズムの方法だけでなく、テロ対策の方法という点でも、古典的な暴君殺しから現代的テロに移行したことが明確に示されている。それゆえ、西洋の歴史におけるテロリズムの原点に位置づけられるのである。たとえば、街中で車両に仕掛けられた爆弾、地下組織グループの存在、イデオロギー的動機、専門警察による捜査、警察間の競争、他国（イギリス）の関与の可能性、要注意人物（ジョルジュ・カドゥーダル）の足取り調査などである。

（1）ナポレオン・ボナパルトは、御者が、荷車――まさに爆破寸前であった――にぶつかりそうなのに気づいて、それを避けるために馬車を加速させた、その決断によって助かったのである。同様のとっさの判断が、一九六一年九月八日、ローブ県のポン・スュル・セーヌ市でテロに襲われたド・ゴール将軍の命を救った。ド・ゴールは、「なんというへまだ！」とだけ言い残したそうだ。

テロリズムの第一期――カルボナリ党

フランスは、このイタリア人愛国者たちによるテロ被害を比較的受けないできただけに、一八五八年一月十四日、フェリーチェ・オルシーニによるナポレオン三世に対するテロ事件はきわめて衝撃的だった。この日、皇帝の馬車がオペラ座に到着したとき（またもやオペラ座！）、三つの爆弾がルペルティエ通りで爆発した。八人が死亡し、一五六人が負傷した。

テロリズムの第二期――無政府主義者（アナーキスト）

殺人や「まじめな」テロを呼びかける強力なプロパガンダはあったけれども、[1]フランスに無政府主義テロリズムが実際に現われたのは、一八九二年である。このテロリズムは、二つのまったく異なる時期

に現われた。(2)

（1）一八八二年十月、リヨンのレストランで爆破テロを実行したアントワーヌ・シヴォト。一八八二年から八四年のあいだに、ブルゴーニュ地方モンソー・レミーヌでの左翼炭鉱労働者たちの一団「黒い匪賊団」が行なった略奪。一八八三年十一月、ジュール・フェリー首相に対するキュリアンのテロ事件。一八八六年三月パリ証券取引所に青酸入りビンを投げつけたシャルル・ガロのテロ事件など。

（2）クロード・アルメル「フランスにおける一八八〇年から一九一四年までのテロリズム：ラヴァショルからボンノ強盗団まで」（参考文献【22】）〔訳注〕。

第一は一八九二年から九四年にかけてで、およそ六人のテロリスト（そのなかにはかの有名なラヴァショル、アンリ、ヴェイアンなどが含まれる）が人びとを恐怖に陥れた。ただし、犠牲者は一〇人ほど（たったの一〇人）であった。フランシス＝クロディウス・ケニヒシュタイン、別名ラヴァショルは一八九二年に三件の爆弾テロ（警察署や検事の住居などを標的）を実行したが、普通法による強盗、殺人罪で刑を受けた。国中が激しい不安に陥った。しかし、彼のテロリスト生命はそう長くは続かず、一八九二年三月には逮捕、七月にギロチンの断頭台の露と消えた。

それから間もなく「ラヴァショル効果」が現われた。彼は大義を貫いた殉教者とされ、彼の勇敢な行為は、その後二年間続くテロの嵐の先がけとなった。すなわち、オペラ通りにエミール・アンリが仕掛けた爆弾がボンザンファン通りにあった警察署を爆破（一八九二年十一月八日）。パリでレオティエがセルビアの首相ゲロルギヴィッチを暗殺（一八九三年十一月十三日）。ヴェイアンがフランス下院（現、国民議会）に爆弾を投げつける（一八九三年十二月九日）。再び、エミール・アンリは、サンラザール駅のカフェ「テルミニュス」に爆弾を投げつける（一八九四年二月十二日）。

一連のテロは、一八九四年六月二十四日リヨンで、イタリア人サント・ジェロニモ・カセリオがフランス共和国大統領サディ・カルノを暗殺した時点で終了した。住民たちが恐怖に怯えていたとき、ほとんどの知識人はテロリストの肩をもった[1]。こうした連帯感は有名な「三十人裁判[2]」で明らかになった（一八八四年八月）。

(1) ヴェイアンが下院議場に爆弾を投げこんだ日（一八九三年十二月九日）の夜、詩人ローン・テラードが吐いた次の言葉が思い出される。「行為が美しければ、犠牲者などどうでもよい！ その死によって、一つの美しい人間性が確立するのなら、たくさんの凡庸な人間性の死なんてどうでもいいではないか！」。運命の皮肉か、テラードは、パリのインテリのお歴々たちの溜り場であったレストラン「フォワイヨ」でテロにあい、片目を失った（一八九四年四月四日）。
(2) 三〇人のテロリストの裁判には、小説家ゾラをはじめ多くの知識人が弁護のために証言をした〔訳注〕。

こうした事態に対応するため、権力側は新たに五つの法[1]を制定することによって、警察と司法の権限の強化に乗りだした。社会主義者たちは、これを「極悪法」だとして告発した。これに呼応するように労働組合運動（サンディカリズム）が活発化し、労働者によるゼネストや軍隊に対する発砲事件など激しい反権力闘争を行なうようになった。それは無政府主義者にとっては言わば気分転換ともなり、一九一一年までは無政府主義者のテロが稀になった。数少ない例では、一九〇五年ローアン通りで、アルフォンス八世とエミール・ルベに対する爆弾テロと、一九〇〇年から一九〇三年にかけてのアレクサンドル・マリウス・ジャコブによる義賊テロ[2]がよく知られている。

(1) 第一の法は、国家の安全に対する犯罪への扇動と犯罪擁護を罰する法（一八九三年十二月十一日および十二日）。第二の法は、爆発物の製造と所持を罰する法（同日）。第三の法は犯罪たちの団体を罰する法（一八九三年十二月十八日および十九日）。第四の法は、警察の予算を増額する法。第五の法は最も議論の的になったもので、無政府主義者たちのあらゆる種類の宣伝活動を禁止する法（一八九四年七月二十七および二十八日）。
(2) 彼は、経営者、軍人、裁判官、権力者の食客だけを襲撃し、特別なことがない限り相手を殺さず、また奪った金銭は無政府主義者や貧しい仲間たちに分け与えた、と言われる〔訳注〕。

無政府主義テロリズムの第二期は、第一期よりもより短い。この時期は、一九一一年十二月から一九一二年四月の「ボンノ強盗団」[1]が目立った時期だ。ジュール・ジョゼフ・ボンノは、小集団ではあったが、無政府主義の強盗集団で頭角を現わした。ボンノは無政府主義の強盗犯罪者なのに、ラヴァショルと同様に、「極悪法」ではなく普通法によって罰せられた。「ボンノ強盗団」は、一九一一年十二月二十一日、パリ、オルドゥネ通りのソシエテ・ジェネラル銀行を襲撃したが、これは歴史上、最初の「武装した自動車強盗」である。

（1）ジュール・ジョゼフ・ボンノの名にちなむ強盗集団。彼らは車を盗み、盗んだ車を使って強盗を働き、またそれを売って資金を稼いだ。自動車はまだ一般に普及していなかったので非常に高額であり、それに目をつけた、いわばカー・ジャックの走り。ボンノ自身は、一九一二年四月十二日、隠れ潜んでいたパリ郊外の家を警官たちに襲撃され、五時間にわたる激しい抵抗ののち、家をダイナマイト爆弾で破壊され死んだ。まだ三十六歳の若さであった〔訳注〕。

テロリズムの第三期――バルカン紛争

第一次大戦後、民族主義と反ユダヤ主義がファシズムと結合することにより、テロリストたちを生みだした。その主役たるバルカン半島から生まれたテロリズムは、ヨーロッパ中を血で染めたが、フランスに関係したテロは一度だけだった。しかし、それはきわめて劇的であった。すなわち、一九三四年十月九日、アンテ・パベリッチを党首とするクロアチア人の民族主義団体ウスタシャ[1]は、内部マケドニア革命組織ＯＲＩＭ[2]のテロリストを雇い、マルセイユ港で船から下りてきたユーゴスラビア国王アレクサンドル一世と外相ルイ・バルトゥーを殺害した。

（1）ユーゴスラビア王国のセルビア人支配に反発し、一九二九年アンテ・パベリッチによって組織されたクロアチア人秘密組織。ファシスト勢力とも手を組み、独立をめざしテロ活動を展開した〔訳注〕。
(2) ユーゴスラビアのなかで抑圧されていたマケドニア人の解放戦線組織として一八九三年に結成〔訳注〕。

他方、フランスには、この時期の特徴である、反ユダヤ主義、反共産主義とファシズムが結合したテロリズムがフランス社会内部からも出現した――はかない寿命ではあったが――。ユジェーヌ・ドゥロンクル（一八九〇～一九四四年）は、一九三七年、秘密結社「国家調整特別行動機関」（OSARN）――通称「カグール（覆面の意）」と呼ばれた――を組織し、指揮した。

ユジェーヌ・ドゥロンクルを指導者とする「カグール」は、「アクション・フランセーズ」[1]に失望し、そこから分かれた人びとの組織であった。彼らは、クーデタを企て、一九三七年には、凄惨な、しかしはかないテロを始めた。すなわち、イタリア人でフランスに亡命していた反ファシスト知識人、ロッスリ兄弟の暗殺（六月九日）、ソビエトの経済人で銀行頭取のディミトリ・ナヴァシーヌの暗殺（一月二十四日）、フランス経営者総連盟と冶金・機械工業グループの本部の爆破（九月十一日）。

(1) ドレフュス事件（一八九四～九九年）を契機に生まれた王党派民族主義運動〔訳注〕。

テロリズムの第四期――アルジェリア戦争

アルジェリア戦争（一九五四～六二年）におけるテロリズムの役割分析は、二つの点で重要である。一つは、アルジェリア人の植民地解放闘争が語られる際に、権力奪取のためにテロ戦略が有効であるという事例としてしばしば引用されること。もう一つは、この戦争は、こんにちでもなおフランス史上最もすさまじいテロリズム経験として記憶に残っていること。

この時期のテロリズムに関しては、実際には、「複数のテロリズム」について語る必要がある。というのもテロリズムの源と首謀者は三種類に分けられるからである。

第一は、ＦＬＮ[1]のテロリズムである。それは三つの異なる標的を狙っていた。独立に反対し、フランスに忠実だったムスリム（広い意味でのハルキ＝フランス軍に仕えたアルジェリア人兵士）、独立を志向してはいるが、ＦＬＮに参加しなかったＭＮＡ（アルジェリア民族運動）の活動家たち、およびヨーロッパ人の三つである。第二は、テロの主役ではなかったが、ヨーロッパ人たちによる復讐のテロリズムである。それは、当初は衝動的かつ支離滅裂であったが、ＯＡＳ（秘密武装組織）の組織化とともに、統制がとれ、組織性をもつテロ活動を行なった。第三は、フランス植民地政府の秘密警察によるテロである。

（1）アルジェリアの解放戦争を指揮した民族解放戦線。

それゆえ、アルジェリア戦争中のテロリズムは、共同体間の衝突（ヨーロッパ人対ムスリム）――そのように時として言われるが――だけではないのである。それはまた（そして何よりも？）非常に顕著な共同体内の衝突（ＦＬＮ対ＭＮＡ、ＯＡＳ対ド・ゴール派）という側面ももっていたのである。

七年間の戦争中における首都アルジェでのテロの件数は、とりわけ多かった。[1] すなわち、ムスリム同士でのテロで、（ムスリム住民三〇万人のうち）死者約四〇〇〇人、負傷者七五〇〇人が出た。これは一日あたり八人に相当する。まさに、皆殺しの戦争だった（ベンジャミン・ストーラ）。ヨーロッパ人の犠牲者も相当な数であった。死者は、一般市民一五〇人、軍人一六人、警察官五三人、負傷者は約八〇〇人に上った。それに、数知れない道路・橋などの破壊と機械・設備などの破壊が加わった。アルジェリア人の犠牲者数については、より複雑かつ不明確である。一つの統計数字にすぎないが、次のようになっている。一九五六年の死者七八人、負傷者五八六人、一九五七年の死者八三七人、負傷者三二七二人、一九五八年の死者九五九人、負傷者一九八〇人、一九五九年の死者七一五人、負傷者九三一人。[2]

(1) 次の文献のなかの情報が信頼できる。ベンジャミン・ストーラ「一九五五〜一九六二年、アルジェリア人たちの間の戦争」(参考文献【23】)、レーモン・ミュエル『フランスにおけるアルジェリア戦争』(参考文献【24】)、ギー・ペルヴィエ「テロリズムと拷問」(参考文献【25】)、同「一九五四〜一九六二年アルジェリア戦争中のテロリズム」(参考文献【26】)。

(2) ルイジ・ボナナテ『国際テロリズム』(参考文献【27】)のなかで挙げられている数字。また、ローラン・ゴシェ『テロリスト』(参考文献【28】)のなかで挙げられている数字。

一九五六年八月二十日のスーマーム会議[1]で決定されたテロ戦略は、惨劇への引き金となった。すなわち、一九五六年九月から一九五七年一月まで、アルジェでのテロ事件は日常的であった。FLNはこの街を解放闘争の拠点にしようとした。その結果、ギー・モレ社会主義政府が、一月七日以降、マスュ将軍にアルジェ秩序維持の責任を任せたという事実が、文民たちの不安がどれほどであったかを説明している。パラシュート第十部隊の隊長であったマスュ将軍が唯一の使命としたのはテロリズム根絶であった。FLNのテロ鎮圧を最優先し、同時にヨーロッパ人によるテロも抑える、というのが彼の任務であった。こうして有名な「アルジェの戦い」が始まった。テロ対策として用いられた方法について何を言われようとも、テロ鎮圧のためにはそれらは有効だった。拷問も、部分的にはテロへの反撃という意味をもっていた。いずれにしろ、このテロ対策は成功し、アルジェの戦いは、とりあえずFLNの壊滅的敗北に終わった。ところが、このテロリズムは、敵(フランス)の弱点——すなわち敵の気力(を喪失させること)と敵の平和への願望——をつかむことに成功し、最終的にFLNに勝利をもたらしたのであった。

(1) FLN指導者がカビール山中のスーマームで開いた秘密の戦術会議〔訳注〕。

FLNのテロリズムは多数のヨーロッパ人の助力に強く支えられていた。アルジェリア共産党は、開戦時、都市テロリスト・グループを形成していた。何よりも、フランスには「スーツケース運び屋[1]」がいた。彼らは左翼のキリスト教徒や「進歩派」知識人のなかから、とくにその中心のネットワーク（ジャンソンやキュリエルなどのネットワーク）によって、リクルートされたが、その役割は明らかになっていることよりずっと大きかった。これらヨーロッパ人の裏切り者たちは、二つの重要な使命を果たしていた。一つは、警察に追跡されているFLNメンバーを匿うこと、もう一つは、フランス本国で集められた資金（時には武器）を運ぶことである。ところで、FLNフランス連盟の前指導者、アリー・ハルーンは手記[2]のなかで在仏ムスリムからの「募金」は、FLNとALNの資金源の八〇パーセントにのぼったと語っている。このように、アルジェリアでのテロへのヨーロッパ人の貢献は重要だったのだ。

（1）アルジェリア独立戦争中、アルジェリア側に協力したフランス人ネットワークのこと。アルジェリアでの拷問に強く反対した。組織化は一九五七年ころで、活動は一九六二年まで続いた〔訳注〕。

（2）アリー・ハルーン『第七ウィラーヤ』（参考文献【29】）。

テロリズムの第五期——変幻自在のテロリズム

一九六〇年代末から、フランスは、国内外に由来する、多様な動機を持つテロリズムの恐怖につねに悩まされるようになった。

独立したテロリズム（バスク、アンチル諸島、ブルターニュ、その他）は、一九七〇年から一九八〇年のあいだにほぼ鎮圧された。唯一残ったのがFLNC（コルシカ民族解放戦線）とその追随者で、彼らは尻込みする国家を相手にテロを続けた。このコルシカ島独特の暴力行為は、国家の対応の優柔不断さのゆえに、撲滅できなかったのである。コルシカの暴力のとらえがたい性質は、他方で多くのことを教えてくれる。すなわち、これらの暴力の政治的意図はまったく明らかでなく、大部分のテロが私闘（よくいえば社会的動機）であり、誤って「政治的」テロと呼ばれた犯罪も、実際は島の富の分け前に与ろうとする犯罪者の口実なのだ。コルシカ・ナショナリズムの「犯罪的逸脱」を論じても、何の意味もない。というのも、この「ナショナリズム」はその誕生以来、コルシカの社会的環境と密接な共生関係をもっているからである。要するに、コルシカ島でのテロリズムは、フランス本土と島とのあいだでの富の譲渡（補助金と特権的地位）、あるいは島内部の間での富の譲渡（ゆすり）という、不可思議な現象の口実なのである。政治的暴力というよりも、普通の強盗犯罪に属する現象なのである。

ヨーロッパの他の諸国にくらべて、フランスでは極左勢力によるテロは少ない。「六八年世代」[1]の多くは武装闘争へ向かわなかったが、一部が極左のテロ闘争――つかの間の運動であったが――に走った。たとえば、プロレタリア左翼＝大衆新レジスタンス（GP‐NRP）、人民自治武装細胞（NAPP）、国際旅団（BI）などの活動は一九七〇年代でほぼ消滅、八〇年代は、アクシオン・ディレクト（一九七九～八七年）がテロ活動行なった。アクシオン・ディレクトも、警察の徹底的取締りやイデオロギー的・社会的に完全に孤立したことのために活動を停止せざるをえなくなった。極右のテロに関しては、稀ないくつかのテロを除いて、マスコミの幻想だろう。

（1）いわゆる五月革命の世代。一九六八年五月フランスのパリから始まり、全国、さらには全世界に広がった学生、労働者・大衆を中心とした社会運動、反体制運動を担った人たち。大学内の民主化要求、ベトナム戦争反対、広い意味での伝統的価値観の打破など要求は多様であった〔訳注〕。

国際テロリズムは、おもに中東が舞台である。一九八〇年代は最も激しい時代だった。国際テロの源は、イラン、レバノン、イスラエル・パレスチナ紛争であった。こうして、ときにはフランスは、直接的には関係のない国外の紛争が飛び火する形で、テロの舞台となった。たとえば、レバノン革命武装分派（FARL）[1]が一九八二年パリにおいてアメリカ人やイスラエル人外交官を暗殺したり、イランの反体制派人物がフランスで殺害されたりした。また、ときには、フランスは、みずからの外交的決定を非難する国や組織の直接標的（「テロ外交」）になった。たとえば、イランは、レバノンのヒズボッラーを使って一九八五年から八六年にフランスに対するテロ活動（パリで死者一三人、負傷者三二五人）や誘拐（レバノンで人質一三人、死者一人）を繰り返した。この時期、フランスは、自国の領土内のみならず、外国でも標的となった（レバノン、クウェートなど）。

（1）レバノン革命武装分派（FARL）は一九八〇年にパレスチナ解放人民戦線（PFLP）の旧メンバー、ジョルジュ・イブラヒーム・アブダッラーによって、とくにクバヤ（レバノン）出身者を中心に組織された。レバノン革命武装分派は、真の戦闘的共産党と位置づけられる唯一の存在である。イブラヒーム・アブダッラーは一九八四年逮捕、八七年終身刑を受け、多くの活動家もレバノンに帰り、活動はほぼ停止した。

一九九〇年代に地中海の対岸、かつてのフランス領アルジェリアでは激しいイスラーム・テロリズムの嵐が吹き荒れた。それはフランスにも及び、GIAによる一九九四年のテロ（十二月、アルジェ発パリ行きのエール・フランス航空機がハイジャックされる）や一九九五年のパリ市内を中心にした相次ぐ爆弾テロ（死者一三人、負傷者二八五人）とともに、フランスはイスラーム過激派の攻撃にさらされた。

そして今、フランスは他の欧米の諸国と同様に、グローバル・テロリズムの主舞台に躍りでた「アル・カーイダ」とよばれる、姿が見えず把握しがたい、新しい脅威に直面している。[1]

（1）この一文は現状をより正確に理解するために著者の意図に沿いつつ、訳者が補った〔訳注〕。

訳者あとがき

本書は、Jean-François Gayraud et David Sénat, *Le terrorisme* (Coll.« Que sais-je? » n°1768, P.U.F., Paris, 2006) の全訳である。

二〇〇一年九月十一日、ニューヨークの貿易センタービルに飛行機が突撃、アメリカの繁栄と力の象徴であった貿易センタービルが炎上、崩壊した。私たちは言葉を失い、じっとテレビ画面を見つめるしかなかった。本書は、この「九・一一」テロ事件を契機に、国際関係だけでなく、私たちの日常生活のリズムまでがテロリズムによって刻まれるようになった、その現実を冷徹に見つめる視点から、現代テロリズムの特徴を鋭く、かつわかりやすく叙述した書である。

テロリズムに関する類書は数多ある。ちなみに全国の大学等で所蔵されている図書情報データ（NACSIS）で「テロリズム」を検索すると、九六件ヒットする。だが、その多くは特定のテロ事件のくわしい事例報告やテロリズムの背後にある地下組織や陰謀説などを解明したりするもの、あるいは書名（テロリズム）とかけはなれた内容の書である。

これに対し、本書は、現代社会に生きる私たちはテロの脅威から免れられない、と突き放したうえで、テロリズムの定義の不可能な理由を検討し、さらにテロの実態に即した類型論の有効性を説いている。様々な類型化を試みることによって今日のテロの特徴を分析することに成功しているといえよう。すなわち、テロリズムの歴史を古典的テロリズム（十九世紀〜）と現代的テロリズムの第三期（一九五〇年代〜九〇年代初め）を終え、第四期に入っていると述べる。そして、その第四期のテロの特徴は、無政治性（卑劣なテロ）、非合理性、観衆をひきつけるメディア性、ハイブリッド化、流動性などであり、現代における新しい形式としての戦争、「堕落した戦争」だとしている。「九・一一」もそうだし、オウム真理教の地下鉄サリン事件もそうである。

本書のもう一つの特徴は、フランスのテロ対策法の詳しい解説を試みていることである。それは、何よりも二人の著者が警察および司法の実務畑に身をおいていることによるが、別の要因として「九・一一」およびロンドンでの地下鉄テロ事件以降、フランス社会においてテロ対策法の整備が急務と認識されたこともあるだろう。これを読むと、日本と欧米ではテロ対策に大きな隔たりがあることがわかる。読者がそれを容易に理解できるように巻末に日本のテロ対策特別措置法を掲載した。

著者ジャン＝フランソワ・ゲイロー氏（一九六四年生まれ）はパリ第二大学で法学博士号（論題は「密告」）を取得、その後、国立高等警察研究所（一九八八〜九〇年）、警察機動部（一九九〇〜二〇〇七年）をへて、現在は国立高等治安研究所の所長参与の地位にある。本書以外に『シチリアのマフィアの歴史』（二〇〇七年）や『マフィアの世界』（二〇〇五年）などの著作がある。専門はテロや犯罪学である。ダヴィド・セナ氏はパリ政治学院で学び、刑法・犯罪学の学位（ＤＥＡ）を取得した。現在はフランスの司法官で、二〇〇六年から防衛大臣の法律顧問もしている。著書として他に『窃盗』（ＰＵＦ、二〇〇一年）（ゲイロー氏との共著）がある。

翻訳の経緯について少し述べたい。拙著『北アフリカ・イスラーム主義運動の歴史』（白水社、二〇〇四年）の執筆中の二〇〇三年ころ、編集担当の和久田頼男さんに翻訳を勧められ、そのときにはおもしろそうな本なので安請け合いしてしまった。その後すぐに翻訳を引き受けたことを非常に後悔した。というのも、「テロリズム」が私の研究テーマとあまりに離れているし、またいかにも時流にのった仕事をしている気がしたからでもある。「後悔、先に立たず」である。そうこうしているうちに、私がフランスとアルジェリアに長期研究出張（二〇〇五～六年）に出かけることになり、翻訳作業は中断してしまった。

だが、海外での生活、とくにアルジェリアの長期滞在は本書の翻訳を決断させたといってよい。一九九〇年代にテロリズムの嵐の吹き荒れたアルジェリアは、まだその後遺症に苦しみ、テロリズムがアルジェリアの政治だけでなく、社会や人びとの意識にまで深い影を落としていることを実感したからである。一九五四～六二年の解放戦争中のテロリズムがアルジェリア人の記憶の底に刻み込まれ、さらに九〇年代のテロリズムはその恐怖の記憶を呼び覚ました。テロリズムを無視して、アルジェリアの政治、社会、文化、歴史の理解はありえないのである。翻訳作業を遅らせたもう一つの理由は、本書に刑法の法律文章がたくさん含まれていて法律にうとい私にはお手上げであったことである。刑法書や六法全書を脇におき、翻訳を進めたが、一日に数行しか進まないこともあった。というわけで本書は新書版のコンパクトな本ではあるが、翻訳にはずいぶんと時間がかかってしまった。

しかし、ともかくも刊行にまでこぎつけることができたのは多くの方々の助けがあったからであるが、とくに三人の大学院ゼミ生にはお世話になった。国際関係論専攻（上智大学院）の学生であった石井梨奈恵さん（現フジテレビ・報道局政治部）は本書について、詳細なゼミ報告をしてくださったばかりか、全体の訳文をゼミ論として提出してくださった。渡邊祥子さん（東京大学院生）は、アルジェリア留学中の忙しい時期にもかかわらず、訳文と原文との照合をしてくださり、多くの訳文の訂正を指摘してくださった。溝渕正季君（上智大学院生）はレバノン政治を専門とする立場から中東イスラーム問題の訳文のコメント、および索引作成のお手伝いをしてくださった。これらの若く有能な方々の助力にあらためてお礼を述べたい。また、刑法の用語については町野朔教授（上智大学）に、EUとフランス法についてはJ＝C・オロリッシュ教授（上智大学）に貴重な助言をいただいた。心より感謝いたします。

本書によれば、私たちは、新しいテロの恐怖の中で生きている。確かな対策があるわけでなく、いつ、どこで、誰がテロを起こすかもしれないし、テロの犠牲者になるかもしれない。著者は「情報と国際協力だけが、テロの危険を小さくできるが、テロリズムはつねに変化をしており、われわれがすべきことは、政治やマスコミの報道に惑わされることなく、冷静にこの現象を分析することである。」と私たちの心構えを提示している。もっともらしいテロ対策などを持ち出さず、さめたリアリズムの叙述に、テロリズムの現実の深刻さを思い知らされるし、本書の魅力をも感じられる。多くの方に一読していただきたいと思う。

最後に本書の翻訳を勧めてくださった和久田頼男さんと辛抱強く待ってくださった中川すみさんにはお世話になりました。ありがとうございました。

二〇〇八年六月

私市正年

参考　テロ対策特別措置法

平成十三年九月十一日のアメリカ合衆国において発生したテロリストによる攻撃等に対応して行われる国際連合憲章の目的達成のための諸外国の活動に対して我が国が実施する措置及び関連する国際連合決議等に基づく人道的措置に関する特別措置法

（平成十三年十一月二日法律第一一三号）

最終改正　平成十八年十二月二十二日法律第一一八号

平成十九年（二〇〇七年）十一月一日、時限立法として期限切れ失効

（目的）

第一条　この法律は、平成十三年九月十一日にアメリカ合衆国において発生したテロリストによる攻撃（以下「テロ攻撃」という）が国際連合安全保障理事会決議第千三百六十八号において国際の平和及び安全に対する脅威と認められたことを踏まえ、あわせて、同理事会決議第千二百六十七号、第千二百六十九号、第千三百三十三号その他の同理事会決議が、国際的なテロリズムの行為を非難し、国際連合のすべての加盟国に対しその防止等のために適切な措置をとることを求めていることにかんがみ、我が国が国際的なテロリズムの防止及び根絶のための国際社会の取組に積極的かつ主体的に寄与するため、次に掲げる事項を定め、もって我が国を含む国際社会の平和及び安全の確保に資することを目的とする。

一　テロ攻撃によってもたらされている脅威の除去に努めることにより国際連合憲章の目的の達成に寄与するアメリカ合衆国その他の外国の軍隊その他これに類する組織（以下「諸外国の軍隊等」とい

う）の活動に対して我が国が実施する措置、その実施の手続その他の必要な事項
二　国際連合の総会、安全保障理事会若しくは経済社会理事会が行う決議又は国際連合、国際連合の総会によって設立された機関若しくは国際連合の専門機関若しくは国際移住機関（以下「国際連合等」という）が行う要請に基づき、我が国が人道的精神に基づいて実施する措置、その実施の手続その他の必要な事項

（基本原則）
第二条　政府は、この法律に基づく協力支援活動、捜索救助活動、被災民救援活動その他の必要な措置（以下「対応措置」という）を適切かつ迅速に実施することにより、国際的なテロリズムの防止及び根絶のための国際社会の取組に我が国として積極的かつ主体的に寄与し、もって我が国を含む国際社会の平和及び安全の確保に努めるものとする。
2　対応措置の実施は、武力による威嚇又は武力の行使に当たるものであってはならない。
3　対応措置については、我が国領域及び現に戦闘行為（国際的な武力紛争の一環として行われる人を殺傷し又は物を破壊する行為をいう。以下同じ）が行われておらず、かつ、そこで実施される活動の期間を通じて戦闘行為が行われることがないと認められる次に掲げる地域において実施するものとする。
一　公海（海洋法に関する国際連合条約に規定する排他的経済水域を含む。第六条第五項において同じ）及びその上空
二　外国の領域（当該対応措置が行われることについて当該外国の同意がある場合に限る）
4　内閣総理大臣は、対応措置の実施に当たり、第四条第一項に規定する基本計画に基づいて、内閣を代表して行政各部を指揮監督する。

5　関係行政機関の長は、前条の目的を達成するため、対応措置の実施に関し、相互に協力するものとする。

（定義等）

第三条　この法律において、次の各号に掲げる用語の意義は、それぞれ当該各号に定めるところによる。

一　協力支援活動　諸外国の軍隊等に対する物品及び役務の提供、便宜の供与その他の措置であって、我が国が実施するものをいう。

二　捜索救助活動　諸外国の軍隊等の活動に際して行われた戦闘行為によって遭難した戦闘参加者について、その捜索又は救助を行う活動（救助した者の輸送を含む）であって、我が国が実施するものをいう。

三　被災民救援活動　テロ攻撃に関連し、国際連合の総会、安全保障理事会若しくは経済社会理事会が行う決議又は国際連合等が行う要請に基づき、被害を受け又は受けるおそれがある住民その他の者（以下「被災民」という）の救援のために実施する食糧、衣料、医薬品その他の生活関連物資の輸送、医療その他の人道的精神に基づいて行われる活動であって、我が国が実施するものをいう。

四　関係行政機関　次に掲げる機関で政令で定めるものをいう。

イ　内閣府並びに内閣府設置法（平成十一年法律第八十九号）第四十九条第一項及び第二項に規定する機関並びに国家行政組織法（昭和二十三年法律第百二十号）第三条第二項に規定する機関

ロ　内閣府設置法第四十条及び第五十六条並びに国家行政組織法第八条の三に規定する特別の機関

2　協力支援活動として行う自衛隊に属する物品の提供及び自衛隊による役務の提供（次項後段に規定するものを除く）は、別表第一に掲げるものとする。

3　捜索救助活動は、自衛隊の部隊等（自衛隊法（昭和二十九年法律第百六十五号）第八条に規定する部隊等をいう。以下同じ）が実施するものとする。この場合において、捜索救助活動を行う自衛隊の部隊等において、その実施に伴い、当該活動に相当する活動を行う諸外国の軍隊等の部隊等に対して協力支援活動として行う自衛隊に属する物品の提供及び自衛隊による役務の提供は、別表第二に掲げるものとする。

（基本計画）

第四条　内閣総理大臣は、次に掲げる対応措置のいずれかを実施することが必要であると認めるときは、当該対応措置を実施すること及び対応措置に関する基本計画（以下「基本計画」という）の案につき閣議の決定を求めなければならない。

一　前条第二項の協力支援活動

二　前号に掲げるもののほか、関係行政機関が協力支援活動として実施する措置であって特に内閣が関与することにより総合的かつ効果的に実施する必要があるもの

三　捜索救助活動

四　自衛隊による被災民救援活動

五　前号に掲げるもののほか、関係行政機関が被災民救援活動として実施する措置であって特に内閣が関与することにより総合的かつ効果的に実施する必要があるもの

2　基本計画に定める事項は、次のとおりとする。

一　対応措置に関する基本方針

二　前項第一号又は第二号に掲げる協力支援活動を実施する場合における次に掲げる事項

イ　当該協力支援活動に係る基本的事項
ロ　当該協力支援活動の種類及び内容
ハ　当該協力支援活動を実施する区域の範囲及び当該区域の指定に関する事項
ニ　当該協力支援活動を自衛隊が外国の領域で実施する場合には、当該活動を外国の領域で実施する自衛隊の部隊等の規模及び構成並びに装備並びに派遣期間
ホ　関係行政機関がその事務又は事業の用に供し又は供していた物品以外の物品を調達して諸外国の軍隊等に譲与する場合には、その実施に係る重要事項
ヘ　その他当該協力支援活動の実施に関する重要事項
三　捜索救助活動を実施する場合における次に掲げる事項
イ　当該捜索救助活動に係る基本的事項
ロ　当該捜索救助活動を実施する区域の範囲及び当該区域の指定に関する事項
ハ　当該捜索救助活動の実施に伴う前条第三項後段の協力支援活動の実施に関する重要事項（当該協力支援活動を実施する区域の範囲及び当該区域の指定に関する事項を含む）
ニ　当該捜索救助活動を自衛隊が外国の領域で実施する場合には、当該活動を外国の領域で実施する自衛隊の部隊等の規模及び構成並びに装備並びに派遣期間
ホ　その他当該捜索救助活動の実施に関する重要事項
四　前項第四号又は第五号に掲げる被災民救援活動を実施する場合における次に掲げる事項
イ　当該被災民救援活動に係る基本的事項
ロ　当該被災民救援活動の種類及び内容

ハ　当該被災民救援活動を実施する区域の範囲及び当該区域の指定に関する事項
ニ　当該被災民救援活動を自衛隊が外国の領域で実施する場合には、当該活動を外国の領域で実施する自衛隊の部隊等の規模及び構成並びに装備並びに派遣期間
ホ　関係行政機関がその事務又は事業の用に供し又は供していた物品以外の物品を調達して国際連合等に譲与する場合には、その実施に係る重要事項
ヘ　その他当該被災民救援活動の実施に関する重要事項
五　前三号に掲げるもののほか、自衛隊が実施する対応措置のうち重要なものの種類及び内容並びにその実施に関する重要事項
六　第二号から前号までに掲げるもののほか、関係行政機関が実施する対応措置のうち特に内閣が関与することにより総合的かつ効果的に実施する必要があるものの実施に関する重要事項
七　対応措置の実施のための関係行政機関の連絡調整に関する事項
3　第一項の規定は、基本計画の変更について準用する。
4　対応措置を外国の領域で実施する場合には、当該外国と協議して、実施する区域の範囲を定めるものとする。
（国会の承認）
第五条　内閣総理大臣は、基本計画に定められた自衛隊の部隊等が実施する協力支援活動、捜索救助活動又は被災民救援活動については、これらの対応措置を開始した日（防衛大臣が次条第二項、第七条第一項又は第八条第一項の規定によりこれらの対応措置の実施を自衛隊の部隊等に命じた日をいう）から二十日以内に国会に付議して、これらの対応措置の実施につき国会の承認を求めなければならない。ただし、国

会が閉会中の場合又は衆議院が解散されている場合には、その後最初に召集される国会において、速やかに、その承認を求めなければならない。
2　政府は、前項の場合において不承認の議決があったときは、速やかに、当該協力支援活動、捜索救助活動又は被災民救援活動を終了させなければならない。（自衛隊による協力支援活動としての物品及び役務の提供の実施）
第六条　防衛大臣又はその委任を受けた者は、基本計画に従い、第三条第二項の協力支援活動としての自衛隊に属する物品の提供を実施するものとする。
2　防衛大臣は、基本計画に従い、第三条第二項の協力支援活動としての自衛隊による役務の提供について、実施要項を定め、これについて内閣総理大臣の承認を得て、防衛省本省の機関又は自衛隊の部隊等にその実施を命ずるものとする。
3　防衛大臣は、前項の実施要項において、当該協力支援活動を実施する区域（以下この条において「実施区域」という）を指定するものとする。
4　防衛大臣は、実施区域の全部又は一部がこの法律又は基本計画に定められた要件を満たさないものとなった場合には、速やかに、その指定を変更し、又はそこで実施されている活動の中断を命じなければならない。
5　第三条第二項の協力支援活動のうち公海若しくはその上空又は外国の領域における活動の実施を命ぜられた自衛隊の部隊等の長又はその指定する者は、当該協力支援活動を実施している場所の近傍において、戦闘行為が行われるに至った場合又は付近の状況等に照らして戦闘行為が行われることが予測される場合には、当該協力支援活動の実施を一時休止し又は避難するなどして当該戦闘行為による危険を回避しつつ、前項の規定による措置を待つものとする。
6　第二項の規定は、同項の実施要項の変更（第四項の規定により実施区域を縮小する変更を除く）について準用する。
（捜索救助活動の実施等）
第七条　防衛大臣は、基本計画に従い、捜索救助活動について、実施要項を定め、これについて内閣総理大臣の承認を得て、自衛隊の部隊等にその実施を命ずるものとする。
2　防衛大臣は、前項の実施要項において、当該捜索救助活動を実施する区域（以下この条において「実施区域」という）を指定するものとする。
3　捜索救助活動を実施する場合において、戦闘参加者以外の遭難者が在るときは、これを救助するものとする。
4　前条第四項の規定は実施区域の指定の変更及び活動の中断について、同条第五項の規定は捜索救助活動の実施を命ぜられた自衛隊の部隊等の長又はその指定する者について準用する。
5　第一項の規定は、同項の実施要項の変更（前項において準用する前条第四項の規定により実施区域を縮小する変更を除く）について準用する。
6　前条の規定は、捜索救助活動の実施に伴う第三条第三項後段の協力支援活動について準用する。
（自衛隊による被災民救援活動の実施）
第八条　防衛大臣は、基本計画に従い、自衛隊による被災民救援活動について、実施要項を定め、これについて内閣総理大臣の承認を得て、自衛隊の部隊等にその実施を命ずるものとする。
2　防衛大臣は、前項の実施要項において、当該被災民救援活動を実施する区域（以下この条において

「実施区域」という）を指定するものとする。

3　第六条第四項の規定は実施区域の指定の変更及び活動の中断について、同条第五項の規定は被災民救援活動の実施を命ぜられた自衛隊の部隊等の長又はその指定する者について準用する。

4　第一項の規定は、同項の実施要項の変更（前項において準用する第六条第四項の規定により実施区域を縮小する変更を除く）について準用する。

（関係行政機関による対応措置の実施）

第九条　前三条に定めるもののほか、防衛大臣及びその他の関係行政機関の長は、法令及び基本計画に従い、協力支援活動、被災民救援活動その他の対応措置を実施するものとする。

（物品の無償貸付及び譲与）

第十条　内閣総理大臣及び各省大臣又はそれらの委任を受けた者は、その所管に属する物品（武器（弾薬を含む）を除く）につき、諸外国の軍隊等又は国際連合等からその活動の用に供するため当該物品の無償貸付又は譲与を求める旨の申出があった場合において、当該活動の円滑な実施に必要であると認めるときは、その所掌事務に支障を生じない限度において、当該申出に係る物品を当該諸外国の軍隊等又は国際連合等に対し無償で貸し付け、又は譲与することができる。

（国会への報告）

第十一条　内閣総理大臣は、次の各号に掲げる事項を、遅滞なく、国会に報告しなければならない。

一　基本計画の決定又は変更があったときは、その内容

二　基本計画に定める対応措置が終了したときは、その結果

（武器の使用）

第十二条　協力支援活動、捜索救助活動又は被災民救援活動の実施を命ぜられた自衛隊の部隊等の自衛官は、自己又は自己と共に現場に所在する他の自衛隊員若しくはその職務を行うに伴い自己の管理の下に入った者の生命又は身体の防護のためやむを得ない必要があると認める相当の理由がある場合には、その事態に応じ合理的に必要と判断される限度で、武器を使用することができる。

2　前項の規定による武器の使用は、現場に上官が在るときは、その命令によらなければならない。ただし、生命又は身体に対する侵害又は危難が切迫し、その命令を受けるいとまがないときは、この限りでない。

3　第一項の場合において、当該現場に在る上官は、統制を欠いた武器の使用によりかえって生命若しくは身体に対する危険又は事態の混乱を招くこととなることを未然に防止し、当該武器の使用が第一項及び次項の規定に従いその目的の範囲内において適正に行われることを確保する見地から必要な命令をするものとする。

4　第一項の規定による武器の使用に際しては、刑法（明治四十年法律第四十五号）第三十六条又は第三十七条に該当する場合のほか、人に危害を与えてはならない。

（政令への委任）

第十三条　この法律に特別の定めがあるもののほか、この法律の実施のための手続その他この法律の施行に関し必要な事項は、政令で定める。

附　則

（施行期日）

1　この法律は、公布の日から施行する。

（自衛隊法の一部改正）

2　自衛隊法の一部を次のように改正する。

附則中第三十一項を第三十三項とし、第十七項から第三十項までを二項ずつ繰り下げ、第十六項の次に次の二項を加える。

17　内閣総理大臣又はその委任を受けた者は、平成十三年九月十一日のアメリカ合衆国において発生したテロリストによる攻撃等に対応して行われる国際連合憲章の目的達成のための諸外国の活動に対して我が国が実施する措置及び関連する国際連合決議等に基づく人道的措置に関する特別措置法（平成十三年法律第百十三号）がその効力を有する間、同法の定めるところにより、自衛隊の任務遂行に支障を生じない限度において、協力支援活動としての物品の提供を実施することができる。

18　長官は、平成十三年九月十一日のアメリカ合衆国において発生したテロリストによる攻撃等に対応して行われる国際連合憲章の目的達成のための諸外国の活動に対して我が国が実施する措置及び関連する国際連合決議等に基づく人道的措置に関する特別措置法がその効力を有する間、同法の定めるところにより、自衛隊の任務遂行に支障を生じない限度において、防衛庁本庁の機関及び部隊等に協力支援活動としての役務の提供を、部隊等に捜索救助活動又は被災民救援活動を行わせることができる。

3　この法律は、施行の日から起算して六年を経過した日に、その効力を失う。ただし、その日より前に、対応措置を実施する必要がないと認められるに至ったときは、速やかに廃止するものとする。

4　前項の規定にかかわらず、施行の日から起算して六年を経過する日以後においても対応措置を実施する必要があると認められるに至ったときは、別に法律で定めるところにより、同日から起算して二年以内の期間を定めて、その効力を延長することができる。

5　前項の規定は、同項（この項において準用する場合を含む）の規定により効力を延長した後その定めた期間を経過しようとする場合について準用する。

附　則（平成十五年十月十六日法律第百四十七号）

この法律は、公布の日から施行する。

別表第一（第三条関係）

種類	内容
補給	給水、給油、食事の提供並びにこれらに類する物品及び役務の提供
輸送	人員及び物品の輸送、輸送用資材の提供並びにこれらに類する物品及び役務の提供
修理及び整備	修理及び整備、修理及び整備用機器並びに部品及び構成品の提供並びにこれらに類する物品及び役務の提供
医療	傷病者に対する医療、衛生機具の提供並びにこれらに類する物品及び役務の提供
通信	通信設備の利用、通信機器の提供並びにこれらに類する物品及び役務の提供
空港及び港湾業務	航空機の離発着及び船舶の出入港に対する支援、積卸作業並びにこれらに類する物品及び役務の提供
基地業務	廃棄物の収集及び処理、給電並びにこれらに類する物品及び役務の提供

備考

一　物品の提供には、武器（弾薬を含む）の提供を含まないものとする。

二　物品及び役務の提供には、戦闘作戦行動のために発進準備中の航空機に対する給油及び整備を含まないものとする。

三　物品の輸送には、外国の領域における武器（弾薬を含む）の陸上輸送を含まないものとする。

別表第二（第三条関係）

種類	内容
補給	給水、給油、食事の提供並びにこれらに類する物品及び役務の提供
輸送	人員及び物品の輸送、輸送用資材の提供並びにこれらに類する物品及び役務の提供
修理及び整備	修理及び整備、修理及び整備用機器並びに部品及び構成品の提供並びにこれらに類する物品及び役務の提供
医療	傷病者に対する医療、衛生機具の提供並びにこれらに類する物品及び役務の提供
通信	通信設備の利用、通信機器の提供並びにこれらに類する物品及び役務の提供
宿泊	宿泊設備の利用、寝具の提供並びにこれらに類する物品及び役務の提供
消毒	消毒、消毒機具の提供並びにこれらに類する物品及び役務の提供

備考

一　物品の提供には、武器（弾薬を含む）の提供を含まないものとする。

二　物品及び役務の提供には、戦闘作戦行動のために発進準備中の航空機に対する給油及び整備を含まないものとする。

三　物品の輸送には、外国の領域における武器（弾薬を含む）の陸上輸送を含まないものとする。

索引

●人名

●団体・組織

●その他

参考文献
（注による）

【1】Liess Boukra, *Algérie la terreur sacrée*, Favre, 2002, pp.326-329.

【2】Claude Fouquet, *Délires et défaites. Une histoire intellectuelle de l'exception française*, Albin Michel, 2000.

【3】Jean-François Gayraud, "Définir le terrorisme : est-ce possible, est-ce souhaitable?", *Revue internationale de police technique et scientifique*, no 2, 1988.

【4】Georges Minois, *Le couteau et le poison*, Fayard, 1997.

【5】Dictionnaire technique et critique des nouvelles menaces, PUF, coll.« Défense et défis nouveaux », 1998.

【6】André Beaufre, *Introduction à la stratégie*, Hachette, coll.« Pluriel», 1998.

【7】Bruce Hoffman, *La mécanique terroriste*, Calmann-Lévy, 1999.

【8】Brian Jenkins, « Terrorists want a lot of people watching and a lot of people listening and not a lot of people dead », 1974.

【9】Anne Carrère, *Palestine. De Jérusalem à Munich*, 1999.

【10】Raymond Aron, *Penser la guerre, Clausewitz*, Gallimard, 1976.

【11】Raymond Aron, *L'opium des intellectuels*, Calmann-Lévy, 1955.

【12】Xavier Raufer, *Terrorisme, violence : réponses aux questions que tout le monde se pose*, J.-J. Pauvert-Carrère, 1985.

【13】Boris Savinkov, *Souvenirs d'un terroriste*, Champ libre, 1982.

【14】Jean-Claude Chesnais, *Histoire de la violence*, Fayard, « Pluriel », 1981.

【15】*La France face au terrorisme*, Livre blanc du gouvernement sur la sécurité intérieure face au terrorisme, La Documentation française, 2006.

【16】Daniel Schneidermann et Laurent Greilsamer, *Les juges parlent*, Fayard, 1992.

【17】François Julien-Lafferrière, *Droit des étrangers*, PUF., 2000.

【18】Ernst Jünger, *Récits d'un passeur de siècle*, Éd. du Rocher, 2000.

【19】Philippe Muray, *Après l'histoire*, Les Belles Lettres, 2000.

【20】Jean-Michel Rossi et François Santoni, *Pour solde de tout compte*, Denoël, 2000.

【21】Jean Rigotard, *La police parisienne de Napoléon*, Tallandier, 1990.

【22】Claude Harmel, "Le terrorisme en France de 1880 à 1914. De Ravachol à la bande à Bonnot", in *Notes et études de l'Institut de criminologie de Paris*, n° 7-8, décembre 1988 ; repris in *Historia*, n° 588, décembre 1995.

【23】Benjamin Stora, "1955-1962 : la guerre entre Algériens", *l'Express*, 24 au 30 avril 1987.

【24】 Raymond Muelle, *La guerre d'Algérie en France*, Presses de la Cité, 1994.
【25】 Guy Pervillé, "Terrorisme et torture", in *L'Histoire*, n° 214, octobre 1997.
【26】 Guy Pervillé, "Le terrorisme dans la guerre d'Algérie (1954-1962)", in *L'Histoire*, n° 119, février 1989.
【27】 Luigi Bonanate, *Le terrorisme international*, Casterman, 1994.
【28】 Roland Gaucher, *Les terroristes,* Albin Michel, 1965.
【29】 Ali Haroun, *La 7e willaya*, Le Seuil, 1986.

参考文献
（原著による）

Aron Raymond, *Penser la guerre, Clausewitz*, Gallimard, 1976.
Aron Raymond, *L'opium des intellectuels*, Calmann-Lévy, 1955.
Beaufre André, *Introduction à la stratégie*, Hachette, coll. « Pluriel », 1998.
Binder Patrice et Lepick Olivier , *Les armes biologiques*, PUF, coll. « Que sais-je? », 2001.
Boulouque Clémence, *Mort d'un soupir*, Gallimard, 2003.
Bonanate Luigi, *Le terrorisme international*, Casterman, 1994.
Cannistraro Vincent, "Assassinating Israël adversaries is wrong and also dumb", in *International Herald Tribune*, 31 août 2001.
Chaliand Gérard, *Terrorismes et guérillas*, Éd. Complexe, 1988.
Charnay Jean-Paul, *Terrorisme et culture*, cahier n° 20, Fondation pour les études de Défense nationale, 1982.
Chesnais Jean-Claude, *Histoire de la violence*, Fayard, « Pluriel », 1981.
Daguzan Jean-François et Lepick Olivier, *Le terrorisme non conventionnel*, Recherches et Documents, Fondation pour la recherche stratégique, janvier 2000.
Daoud Aboud, *Palestine, de Jérusalem à Munich*, A. Carrère, 1999.
Desportes Frédéric et Le Gunehec Francis, *Le nouveau droit pénal*, Economica, 2006.
Duverger Maurice, "Violence et démocratie", *Le Monde*, 30 juillet 1981.
Duverger Maurice, "Ce que prévoit la constitution", *Le Monde*, 18 octobre 1984.
Fouquet Claude, *Délires et défaites. Une histoire intellectuelle de l'exception française*, Michel Albin, 2000.
Furet François, Liniers Antoine et Raynaud Philipe, *Terrorisme et démocratie*, Fayard, 1985.
Gaucher Roland, *Les terroristes*, Michel Albin, 1965.
Gayraud Jean-François, "Histoire politique d'une organisation communiste combattante", in *Notes et études de l'Institut de criminologie de Paris*, n° 7-8, 1988.
Gayraud Jean-François, "Définir le terrorisme : est-ce possible, est-ce souhaitable?",

Revue internationale de police technique et scientifique, n° 2, 1988.
Gayraud Jean-François, *Le monde des mafias, géopolitique du crime organisé*, Odile Jacob, 2005.
Greilsamer Laurent et Schneidermann Daniel, *Les juges parlent*, Fayard, 1992.
Hamel Claude, "Le terrorisme en France de 1880 à 1914, de Ravachol à la bande à Bonnot", in *Notes et études de l'Institut de criminologie de Paris*, n° 7-8, décembre 1988 ; repris in *Historia*, n° 588, décembre 1995.
Heisbourg François et Marret Jean-Luc, *Le terrorisme*, Payot, 2006.
Haroun Ali, *La 7e willaya*, Le Seuil, 1986.
Hoffman Bruce, *La mécanique terroriste*, Calmann-Lévy, 1999.
Julien-Lafferrière François, *Droit des étrangers*, PUF, coll. « Droit fondamental », 2000.
Jünger Ernst, *Récits d'un passeur de siècle*, Éd. du Rocher, 2000.
La France face au terrorisme, Livre blanc du gouvernement sur la sécurité intérieure face au terrorisme, La Documentation française, 2006.
Laqueur Walter, *Le terrorisme*, PUF, 1979.
Lewis Bernard, *Les assassins*, Éd. Complexe, 1984.
Marion Georges et Robert-Diard Pascal, "Retour sur un dérapage", in *Le Monde*, 1er mars 2000.
Marret Jean-Luc, *Techniques du terrorisme*, PUF, coll. « Défense et défis nouveaux », 2000.
Mayaud Yves, *Le terrorisme*, Dalloz, col. « Connaissance du droit », 1997.
Ménage Gilles, *L'œil du pouvoir*, t. 3, Fayard, 2001.
Minois Georges, *Le couteau et le poison*, Fayard, 1997.
Muelle Raymond, *La guerre d'Algérie en France*, Presses de la Cité, 1994.
Muray Philippe, *Après l'histoire*, Les Belles Lettres, 2000.
Pervillé Guy, "Terrorisme et torture", in *L'Histoire*, n° 214, octobre 1997.
Pervillé Guy, "Le terrorisme dans la guerre d'Algérie", in *L'Histoire*, n° 119, février 1989.
Rassat Michèle-Laure, *Traité de procédure pénale*, PUF, coll. « Droit fondamental », 2000.
Raufer Xavier, *Dictionnaire technique et critique des nouvelles menaces*, PUF, coll. « Défense et défis nouveaux », 1998.
Raufer Xavier, *Terrorisme, violence : réponses aux questions que tout le monde se pose*, J.-J. Pauvert-Carrère, 1985.
Raufer Raufer, "La secte des assassins inaugure le crime politique", in *Historia*, n°588, décembre 1995.
Raufer Xavier, "Vivre et informer en un monde dangereux, in L'information c'est la guerre", Panoramiques, n° 52, 2e trimestre 2001.
Raufer Xavier, "Le tour du monde des islamistes", in *L'Histoire*, n° 224, septembre 1998.

Raufer Xavier, *La nébuleuse : le terrorisme du Moyen-Orient, Fayard*, 1987.
Raufer Xavier, *Terrorisme. Maintenant la France?* Éd. Garnier, 1982.
Raufer Xavier, "Révolution et lutte armée en France 1969-1987", *Notes et études de l'Institut de criminologie de Paris*, n° 7/8, décembre 1988.
Rigotard Jean , *La police parisienne de Napoléon*, Taillandier, 1990.
Rossi Jean-Michel et Santoni François, *Pour solde de tout compte*, Deoël, 2000.
Savinkov Boris, *Souvenirs d'un terroriste*, Champ libre, 1982.
Stora Benjamin, "1955-1962 : la guerre entre Algériens", in *l'Express*, 24-30 avril 1987.
The Future of Terrorism, ouvrage collectif, Frank Cass ed., 2000.
Villeré H., *L'affaire de la section spéciale*, Fayard, 1973.

なお，パリ第二大学（Paris II-Assas）の犯罪学研究所および現代犯罪学科の研究成果を全体的に参照をした.

訳者略歴
私市正年（きさいち・まさとし）
一九四八年生まれ
北海道大学文学部卒
東京都立大学経済学部中退
中央大学大学院博士課程修了
上智大学外国語学部教授（アラブ・マグリブ地域研究）
主要著訳書
『イスラム聖者――奇跡・予言・癒しの世界』（講談社現代新書）
『イスラム都市研究』（共著、東京大学出版会）
『イスラームに何がおきているか』（共著、平凡社）
『イスラームと民主主義』（共訳、平凡社）
『現代中東の国家と地方（1）』（共著、日本国際問題研究所）
『西アジア史①アラブ』（共著、山川出版社）
『アルジェリア近現代史』（共訳、白水社）
『イスラーム地域の民衆運動と民主化』（共編著、東京大学出版会）
『サハラが結ぶ南北交流』（山川出版社）
『北アフリカ・イスラーム主義運動の歴史』（白水社）
『モロッコを知るための六五章』（共編著、明石書店）

テロリズム
歴史・類型・対策法

二〇〇八年六月二五日 印刷
二〇〇八年七月二〇日 発行

訳 者 © 私 市 正 年
発行者 川 村 雅 之
印刷所 株式会社 平河工業社
発行所 株式会社 白 水 社

東京都千代田区神田小川町三の二四
電話 営業部〇三（三二九一）七八一一
編集部〇三（三二九一）七八二一
振替 〇〇一九〇―五―三三二二八
郵便番号一〇一―〇〇五二
http://www.hakusuisha.co.jp
乱丁・落丁本は、送料小社負担にてお取り替えいたします。

製本：平河工業社
ISBN978-4-560-50926-5
Printed in Japan

文庫クセジュ

哲学・心理学・宗教

文庫クセジュ

768 ニーチェ
773 エピステモロジー
778 フリーメーソン
780 超心理学
789 ロシア・ソヴィエト哲学史
793 フランス宗教史
802 ミシェル・フーコー
807 ドイツ古典哲学
809 カトリック神学入門
835 セネカ
848 マニ教
851 芸術哲学入門
854 子どもの絵の心理学入門
862 ソフィスト列伝
863 オルフェウス教
866 透視術
874 コミュニケーションの美学
880 芸術療法入門
881 聖パウロ
891 科学哲学
892 新約聖書入門
900 サルトル
905 キリスト教シンボル事典
909 カトリシスムとは何か
910 宗教社会学入門
914 子どものコミュニケーション障害

文庫クセジュ

歴史・地理・民族(俗)学

18 フランス革命
62 ルネサンス
79 ナポレオン
116 英国史
133 十字軍
160 ラテン・アメリカ史
191 ルイ十四世
202 世界の農業地理
297 アフリカの民族と文化
309 パリ・コミューン
338 ロシア革命
351 ヨーロッパ文明史
382 海賊
412 アメリカの黒人
418〜421 年表世界史
428 宗教戦争
446 東南アジアの地理
454 ローマ共和政
491 アステカ文明
506 ヒトラーとナチズム
530 森林の歴史
536 アッチラとフン族
541 アメリカ合衆国の地理
557 ジンギスカン
566 ムッソリーニとファシズム
568 ブラジル
586 トルコ史
590 中世ヨーロッパの生活
597 ヒマラヤ
602 末期ローマ帝国
604 テンプル騎士団
615 ファシズム
636 メジチ家の世紀
648 マヤ文明
660 朝鮮史
664 新しい地理学
665 イスパノアメリカの征服
684 ガリカニスム
689 言語の地理学
705 対独協力の歴史
709 ドレーフュス事件
713 古代エジプト
719 フランスの民族学
724 バルト三国
731 スペイン史
732 フランス革命史
735 バスク人
743 スペイン内戦
747 ルーマニア史
752 オランダ史
755 朝鮮半島を見る基礎知識
760 ヨーロッパの民族学
766 ジャンヌ・ダルクの実像
767 ローマの古代都市
769 中国の外交
782 カンボジア
790 ベルギー史
791 アイルランド
810 闘牛への招待

文庫クセジュ

812 ポエニ戦争
813 ヴェルサイユの歴史
814 ハンガリー
815 メキシコ史
816 コルシカ島
819 戦時下のアルザス・ロレーヌ
823 レコンキスタの歴史
825 ヴェネツィア史
826 東南アジア史
827 スロヴェニア
828 クロアチア
831 クローヴィス
834 プランタジネット家の人びと
842 コモロ諸島
853 パリの歴史
856 インディヘニスモ
857 アルジェリア近現代史
858 ガンジーの実像
859 アレクサンドロス大王
861 多文化主義とは何か
864 百年戦争
865 ヴァイマル共和国
870 ビザンツ帝国史
871 ナポレオンの生涯
872 アウグストゥスの世紀
876 悪魔の文化史
877 中欧論
879 ジョージ王朝時代のイギリス
882 聖王ルイの世紀
883 皇帝ユスティニアヌス
885 古代ローマの日常生活
889 バビロン
890 チェチェン
896 カタルーニャの歴史と文化
897 お風呂の歴史
898 フランス領ポリネシア
902 ローマの起源
903 石油の歴史
904 カザフスタン
906 フランスの温泉リゾート
911 現代中央アジア
913 フランス中世史年表
915 クレオパトラ
918 ジプシー

文庫クセジュ

社会科学

357 売春の社会学
396 性関係の歴史
483 社会学の方法
616 中国人の生活
654 女性の権利
693 国際人道法
717 第三世界
725 イギリス人の生活
740 フェミニズムの世界史
744 社会学の言語
746 労働法
786 ジャーナリストの倫理
787 象徴系の政治学
824 トクヴィル
837 福祉国家
845 ヨーロッパの超特急
847 エスニシティの社会学
887 NGOと人道支援活動
888 世界遺産
893 インターポール
894 フーリガンの社会学
899 拡大ヨーロッパ
907 死刑制度の歴史
917 教育の歴史
919 世界最大デジタル映像アーカイブ INA